まっとうな政治を求めて

「リベラルな」という形容詞

マイケル・ウォルツァー 著

萩原能久 訳

風行社

六〇年以上、屋内避難生活を共にしてきたＪＢＷへ

幸せを求め、
真実を求め、
永遠を求め、
奴はいったいどこから手をつけるつもりなのか！

ヴィスワヴァ・シンボルスカ

いつかは死ぬと分かっていても
メシアなど来臨しないと分かっていても、
気分はサイコー。

イェフダ・アミハイ

［目　次］

序文と謝辞

私が本書を執筆したのはパンデミックのおかげで高等研究所の私のオフィスから締め出され、プリンストンの自宅での隔離が実施されていた時期である。その間、私は書物や論文にほとんど接することができない、孤独な時間を送ることになった。本書を捧げた親友〔である妻〕、および連絡を取り合うことができた数人を除いて、友人たちの手を借りることもできない作業だった。したがって本書は学術書ではない。脚注を付すこともあきらめ、参考文献として挙げたものは蟄居中、手元にあったものだけである。本書は政治理論の作品ではないが、興味を持ってくださる理論家がいらっしゃればありがたい。体系的なものは本書には何もない。私が書き上げたのは政治に関する議論――最良の種類の政治に関する議論である。それは綱領のようなものではなく、一種の希望のようなものだ。

私の行う議論は私が読書人生のなかで収集してきた物語や逸話、省察、お気に入りの歴史的事例、引用などを用いた、ざっくばらんなものである。おそらくこれが私の最後の書物になるであろうから――（後述の）出版社への謝辞を表明しつつも――以前に上梓した何冊かの書物や古い論説、そして若干の最近の論説から、文章や段落を気兼ねなく取りこんだ。それでも、本書の議論は新しいものであるし、少なくとも新しく考案されたものである。政治とは新しいものではないが、私は政治を記述し、擁護する新しい方法を見つけ出したと考えている。

本書を執筆するにあたり、書名に「リベラルな」という形容詞を冠し、それを慫慂している二冊の書物に触発された。一冊目はイタリアの社会主義者にして反ファシズムの活動家であったカルロ・ロッセッリが書いた『リベラルな社会主義（*Liberal Socialism*）』である。ロッセッリは一九二七年にムッソリーニによって投獄されたが、フランスに逃亡し、その地で他の亡命者とともにファシズムに対する闘争を継続したものの、一九三七年にムッソリーニが差し向けた凶漢の手によって殺害された。その二年前に彼は独断論を排した民主的で多元的な社会主義を擁護するこの書物を刊行したのだが——その大部分は牢獄のなかで書かれたものである。その書物はナディア・ウルビナティによって監修され、序文が付されてようやく一九九四年に英語に翻訳された。

二冊目の書物は、イスラエルの知識人で一時は政治家も務めたヤエル・タミールが著した『リベラルなナショナリズムとは（*Liberal Nationalism*）』である（彼女は、中道左派による二度にわたるイスラエルの政権で移民相と教育相を務めたが——悲しいかな、はるか昔のことである）。彼女のこの書物は、元々はオクスフォード大学での博士論文である。彼女の指導教授はアイザイア・バーリンだった。この書物は全面的にナショナリズムを取り扱っているものであるが、同時に独断論を排したタミールの民主的で多元的なシオニズムの擁護でもある。

したがって「リベラルな」という形容詞はまずもってロッセッリとタミールに帰せられるものであるが、それを私は、自分なりの形で継承したわけである。

私がこの形容詞の使用法について議論したのは二〇二〇年の『ディセント』誌上であったが、そのタイトルは「リベラルであることの意味」という誤ったものであった——それは実際のところは、リベラルな何かであることの意味に関するもの、ロッセッリの書物の場合は、リベラルな社会主義者であり、タミールの書物の場合にはリベラルなナショナリストであることの意味に関するものであった。このフレーズの名詞部分が彼らのコミットメントを表している。そして形容詞部分はそのコミットメントの質について語っているのである。

私は当時『ディセント』の共同編集者であったマイケル・ケイジンに感謝したい。彼は本作の初期ヴァージョンに目を通し、出版を勧めてくれた。ナンシー・ローゼンブラムは最初の読者だった。彼女は雑誌のコピーを受け取るや直ちに本作を賞賛するメールを送ってくれた——それは私がこの原稿を小著という形に拡充しようと考え始めた頃であった。ポール・バーマンは長時間にわたる電話での会話で、追加したり修正したりする必要のある箇所のリストを挙げてくれた。

オンライン・マガジンである『タブレット』と『パースウェイジョン』の編集者たちにもお世話いただいた。彼らは私の書いた短編を掲載してくれたのだが、その一部は——『タブレット』からは移民、取締り活動、ショッピングに関するものを、『パースウェイジョン』からは最高裁と政治生活のリスクに関するものを――本書でも用いられている。「社会主義はあまりに時間を取りすぎる」という私の戯言はかなり前に『ディセント』に掲載された論説だが、そこから数行を再録した。テロリズムは長年にわたって、繰り返し私の主題だったが、本書での議論は、シュテファン・ルーパー＝フォイ編で一九八八九年にルートレッジ社から出版された『国際正義の諸問題（*Problems of International Justice*）』に収録された「テロリズム：その弁明を批判する」というはるか以前に書いたものに由来する。一九九〇年代の中頃、私はアメリカにおける政教分離に関する長大な論説「境界線を引く」を書いたが、それは『ユタ大学ロー・レヴュー（*Utah Law Review*）』（一九九九年三月号）に掲載されている。〔本論文は『政治的に考える　マイケル・ウォルツァー論集』、風行社、第一〇章にも再録されている。〕*ULR* の許可を得て、そこで公開した論説に若干の修正を加えたものが本書の第八章である。

一冊の本になるくらい長いアストリット・フォン・ブゼキストとの会話（これは『正義はまっとうな作業である *Justice is Steady Work*』という書物の形でアメリカで出版された）のおかげで、私がかつて書いたことのある多くの事柄を再考することができたが、そのうちのいくつかには、おそらくは手前勝手に私が忘れていたものも含まれていた。私の妹であるジュディス・ウォルツァー・リーヴィットはリベラルなフェミニストについての一章を加えるよう強く迫った。そして彼女はその草稿を読み批判してくれたが、同じことをしてくれたのが彼女の夫のルイス・リーヴィットと私の妻、ジュディス・ウォルツァーであり、私の娘、サラ・ウォルツァーとレベッカ・ウォルツァー＝ゴールドフェルドであり、また私の孫娘カタヤ・バレットである（この孫娘からのコメントが最も広範にわたるものだった）。この章を執筆するにあたって、他のどの章よりも多くの手助けを得たが、そうして成立した本書の責は、もとより私にある。

私は長年にわたってあまりに多くのものを書いてきたが、自分がかつて書いた文章やアイディアを忘れてしまっていたり、思い出すことができなくなっていたかもしれないので、私と関わりのあったすべての編集者や出版社、特に大部分の私の政治論説を掲載してくれた『ディセント』での同僚たちと、かつての『ニュー・リパブリック』の編集者たちに感謝したい。また私の著作のほぼすべてを監修してくれたベーシック・ブックスとイェール大学出版会の方々にも謝意を示したい。ほかにも恩義のある方はいるが、それは順次明らかにしていくつもりである。

私が自分自身と私の政治仲間や同志について語る物語は、おそらくは非常に限られた関心しか引かないかもしれないが、リベラルの資格を有する者と共に生きる、あるいは生きて働くとはどういうことなのかを明示する役にたつであろう。様々な名詞に付加されたひとつの形容詞は、私がその各々について余すところなく描き出そうと試みるある特定の政治を進めようとするものである。それは私自身の政治でもあるので、以下で述べることは部分的には個人的な信条告白でもあるが、それは私ひとりのものにとどまるものではない。それはまた、民主主義者、社会主義者、ナショナリストなどのうち、その政治が「リベラルな」という形容詞で修飾できるすべての人々を称賛するものでもある。

第一章　なぜこの形容詞が問題なのか

自由主義はすべての他の「主義」のようにひとつの「主義」なのだろうか。私が思うに、かつてはそうであった。一九世紀において、そして二〇世紀においてもある年月のあいだ、ある地域において、自由主義は自由市場、自由貿易、言論の自由、開かれた国境、最小限国家、ラディカルな個人主義、市民的自由、宗教的寛容、少数派の権利などを包含するイデオロギーであった。しかしこのイデオロギーは今やリバタリアニズムと呼ばれており、リベラルであると自認する大部分のアメリカ人はこのイデオロギーを――少なくとも、そのすべてをではないとしても――受け入れていない。最小限国家と自由市場はアメリカにおいて、リベラルたちのあいだで異なった型の規制や福祉の提供、（および極めて控え目な）再配分によって取って代わられてきた。またラディカルな個人主義は多かれ少なかれ（ほとんどの場合は控えめな）相互扶助と地域社会へのコミットメントによって取って代わられてきた。

ここで「リバタリアン」という語がかつて有していた意味を——ピョートル・クロポトキン[1]のような著述家や一九三〇年代に活躍したスペインのアナキスト集団と重ね合わせて——思い起こすのが有意義だろう。そこではこの語は自由で平等な個人間での自発的協働からなる左派の政治を意味していた。しかしラディカルな個人主義と平等が近年、手を取り合って現れることは稀であり、われわれが「現実世界」と呼びならわす世界でその二つがうまく併存することができるようには思えない。

今日のヨーロッパにおける自由主義はドイツの自由民主党（*German Free Democrats; Freie Demokraten*）のような、現代的意味で言うリバタリアンであり、したがって右派に属する若干の政党やイギリスにおける自由民主党（*Liberal Democrats*）のように保守派と社会主義者のあいだにあって不安定な立場を取り、自分たちの確固とした信条も確立せぬまま双方から借用した政策や綱領を掲げる政党に代表されている。これとは対照的にアメリカの自由主義は私がすでに示しておいたように、われわれなりの社会民主主義、「ニューディール自由主義」である——それはここ数十年、極左イデオロギーと激しく攻撃されてきたが、それは確実に間違いである。それはまた、それにコミットしていたと思われる多くのリベラルがネオ・リベラルに転向した事例に見られるように、確固とした信条でもない。

一九九〇年代から二〇〇〇年代にかけてのネオ・リベラルの綱領——緊縮財政、規制緩和、福祉提供の縮減——が体現しているのは一九世紀的な教説への半歩後退である。それは完全にリバタリアン的ではないが、共和党支持者のあいだで展開されたティー・パーティ運動[(2)]の成功が示唆するように、それに近いものである。ティー・パーティの活動家たちは大きな政府に対する彼らの批判を国家権力に対する自由の防衛だとするが、彼らは経済権力を体現している銀行や企業に対しては同様の批判を行わない。その結果、不平等が効率的に、おそらくは意図的に拡大される一方で自由が本格的に守られることはなかったのである。

クリントン大統領とオバマ大統領時代に見られたネオ・リベラリズムの民主党版は中途半端で、かつ及び腰の政治だった。それは人間の顔をした緊縮財政で——完全にではないにせよ、われわれが知っていた福祉の終焉であった（高度な妥協の産物であるアフォーダブルケア法〔オバマケア〕は部分的例外である）。資本制のヒエラルキーの最底辺に位置する人々の健康に対する「ニューディール・リベラル」のコミットメントはネオ・リベラルによってほとんど捨て去られてしまった。民主党の政治

（1）ピョートル・クロポトキン Pijotr Kropotkin (1842-1921)　ロシアのアナキスト。マルクス主義に批判的で相互扶助を中心概念とする無政府共産主義を唱えた。

（2）ティー・パーティ Tea Party　二〇〇九年から始まったアメリカの保守派ポピュリズム運動。オバマ政権の医療保険制度改革（オバマケア）や景気刺激政策がもたらす「大きな政府」に反対した。この運動の名称は一七七三年のボストン茶会事件に由来するが Taxed Enough Already の略語であるともされている。

家たちは組合が徐々に没落していくのを指をくわえて見ているだけであった。実際、彼らは労働者階級とかつて確立していた関係を断ち切り、さらには自分たちの政策が呼び起こしてしまったポピュリズムやナショナリズムに対処すらできないでいた。ネオ・リベラリズムは決して持久的でも持続可能な信条でもなかったし、来たるべき年月のうちにその擁護者たちの大部分によって放棄されるのを見ることになろう。ジョー・バイデン大統領とその顧問や取り巻き連中はその完全放棄とニューディールの復古を画策したが、二〇二〇年に自分たちが立てた約束を守ることはできなかった。

「リベラル」とは、それでも同定可能な集団であり、この本の読者はきっとその集団のメンバーだろうと私は思う。われわれはこの語が教養育成と余暇――高等遊民の余暇ではなく、むしろ「一般教養（liberal arts）」や古典学習とじっくり取り組む思慮に満ちた余暇――からなる生活を意味していた最古の意味などわざわざ思い返さなくともよかろう。かつてのジェントルマン、はたまたジェントルウーマンは社会的ヒエラルキーにおける高い地位の持ち主であるのみならず、こちらの方がより重要なのだが、上品な振る舞いと探究心を持った人物でもあった。私が思うに、今日、われわれのようなリベラルは政治的、ないしは文化的観点からではなく、道徳的観点から特色づけられて然るべきだろう。われわれは広い心を持ち、気前が良く、寛容であるべきであるし、あるいはそうありたいと願っている。われわれは曖昧さを甘受して生きることができるし、またそこで勝たなければならないと感じることなく議論をする用意がある。どのようなイデオロギーを持っていようと、どのような宗教を信じていようと、われわれは独断論的ではない。われわれは狂信者ではないのである。あるいは、女優のローレン・バコール(3)があるインタビュアーに語ったように、リベラルは「狭量ではない」人物のことである。

道徳と歩調を合わせたリベラルな感性というものもあるが、それは政治よりも文学においてまず確実に見てとることができる。少なくとも私は、ポーランド出身のヴィスワヴァ・シンボルスカや(4)イスラエル出身のイェフダ・アミハイ(5)のような詩人の作品を読むことで、この感性を感じ取り、尊重できるようになった。それに三人のアメリカ人を加えてもよい。デトロイト出身のフィリップ・レヴィ

(3) ローレン・バコール Lauren Bacall (1924-2014) アメリカの女優。代表作に『百万長者と結婚する方法』、『風と共に散る』、『オリエント急行殺人事件』がある。

(4) ヴィスワヴァ・シンボルスカ Wislawa Szymborska (1923-2012) ノーベル文学賞を受賞したポーランドの女性詩人。邦訳に『シンボルスカ詩集』(土曜美術社出版販売)がある。本書の扉に彼女の詩の一節が引かれている。

(5) イェフダ・アミハイ Yehuda Amichai (1921-2000) イスラエルの詩人・作家。生と死の意味という哲学的問題を扱った作品が多く、ノーベル文学賞にも数度ノミネートされた。本書の扉に彼の詩の一節が引かれている。

ン[6]、ニューヨーク出身のフィリップ・シュルツ[7]、そしてプリンストン出身のC・K・ウィリアムズ[8]である。他にも挙げられないわけではないが、この五人は特に、「リベラル」という形容詞と歩調を合わせた――しかし怒りや猛り狂う現実主義を排除しない――気前の良さや思いやり、ユーモアそして上品なアイロニーとはどのようなものなのか私に教えてくれた。

リベラルの道徳はよく「自分も生き、他人も生かせ」と要約されるが、これは必ずしも正しくはない。われわれは相対主義者ではないからである。われわれは道徳の限界をわきまえている。なかでもわれわれはあらゆる種類の頑迷さと残酷さに反対する。私の恩師で友人でもあるジュディス・シュクラー[9]は七つの大罪に関するすばらしい書物（*Ordinary Vices*, 1984）のなかで、われわれが避けるべき大罪のなかでも常に「残酷さを第一にする」べきであると論じていた。これはリベラルな道徳性に対する良き入門書である。

私は民主党員と共和党員、民主主義者と共和主義者、リバタリアンと社会主義者がこの種のリベラルであることができるし、またそうあるべきであると信じている。これらの集団のすべてにとって、どんなに好意的に彼らを受け取ったとしてもすべてがうまくいくとは限らないからである。しかし旧い型の自由主義もネオ・リベラリズムも、民主社会主義も、いかなる包括的イデオロギーもリベラルな道徳性やリベラルな感性によって禁じられてはいない（そして独断論的で不寛容な民主主義者や共和主義者、リバタリアンや社会主義者がいることなど、もちろん、われわれ全員が知っている）。だとすれば、リベラルな道徳は政治とどう関わり合うことができるだろうか。

本書はこの問いに答える試みである——とはいっても一般的ないしは普遍的な観点からではないが。私は万人向けの答えを持っているわけではない。つまり私が書くのは、私や私の政治同志や仲間についてであり、私が語るのはわれわれに共通の生き方に関する物語である。民主主義者で社会主義者であるわれわれはリベラルな道徳観とどのように結びついているだろうか。あるいはリベラルな道徳観は国内や海外での左派による政治をどう方向づけているだろうか——もし実際に方向づけているとするなら、それはどのような場合なのか。私はこの道徳の中道派と右派ヴァージョンについて一言申すつもりだが、私の一義的関心は——ナショナリストやコミュニタリアン、フェミニスト、そして

（6）フィリップ・レヴィン Philip Levine（1928-2015）　アメリカの詩人。二〇一一年から一年間、アメリカ合衆国桂冠詩人を務める。

（7）フィリップ・シュルツ Philip Schultz（1945- ）　詩集 Failure（2007）でピューリッツァー賞を受賞したこともある詩人。その作品は個人史や家族、都市、移民、ユダヤ人の経験を読み込んだものが多い。

（8）チャールズ・ケネス・ウィリアムズ C. K. Wiliams（1936-2015）　アメリカの詩人・評論家。著作 *Repair* でピューリッツァー賞受賞。

（9）ジュデイス・シュクラー Judith Shklar（1928-1992）　ハーヴァード大学で教鞭を取ったアメリカの女性政治哲学者。共通善の実現ではなく、共通悪である「残酷さ」の削減を説く。代表作に *The Liberalism of Fear*（1989）, *The Face of Injustice*（1991）がある。

宗教左派を含む——左派の人々である。

われわれが自由主義と有する関係は名詞や「〜主義」が示唆するものとは極めて異なった形をとる。それは形容詞的関係だと考えている。われわれはリベラルな民主主義者でありリベラルな社会主義者であるか、さもなくばそうあるべきである。私はまた、リベラルなナショナリストにしてリベラルな国際主義者でもあり、リベラルなコミュニタリアンであり、リベラルなフェミニストでもあり、リベラルな大学教授であり時にはリベラルな知識人、そしてリベラルなユダヤ人である。この「リベラルな」という形容詞はこれらすべてのケースにおいてほぼ同じような役割を果たしているが、私の目的はそのおのおのにおいてこの形容詞が果たしている力を記述することである。すべての形容詞がそうであるように、「リベラルな」という形容詞はその後に続く名詞を修正し、複雑にさせる。それはつまり、時には抑制的な効果を有し、時には活性化させる効果を、また時には変容させる効果を有している。それはわれわれが誰であるかを規定はしないが、いかにしてわれわれがそうあるところのものになるのか——いかにわれわれが自分たちのイデオロギー的コミットメントを実行に移すのか——を規定するのである。

その本来的意味において、自由主義は西欧社会のイデオロギーであり、啓蒙主義の産物であり、解放された個人の（日常生活上の、ではないとしても文学や哲学における）勝利——一つの西欧社会的形姿――であった。しかし「リベラルな」という形容詞、「リベラルにあらざる」という形容詞は自分たちのコミットメントを名付けるに際して異なる名詞を用い、またその名詞を異なる用語法で用いる他の文化圏に属する人々にも十分通用するだろう。リベラルな道徳とリベラルな感性は普遍的であると私は思っている。このふたつは昨今、目に見える形で、世界のいたるところで――そしてまたこ こ、アメリカでも――蹂躙されているだけに、普遍的でなければならない。

私は章ごとに私自身のコミットメントを規定している名詞を、またある一章では私の職業を規定している名詞を検討するつもりである。そしていかに「リベラルな」という形容詞がそれらのコミットメントを修正しているのかを描き出してみようと思う。私の議論は、単純化すれば、形容詞は、ふつう、そうされているように(「〜主義」という名詞とともに用いられないかぎり)それ自身では意味をなさず、それに付加されるべき名詞が必要だとするものである。しかし名詞は、つまり実質的コミットメントは「リベラルな」という形容詞抜きでは本来あるべき姿には決してならないであろう。

この形容詞抜きでは、民主主義者も社会主義者も、ナショナリストもそしてそれ以外のすべてのものも、一元論的で、独断論的で、不寛容で抑圧的なものになってしまいうるし、実際、しばしばそうである。私が示そうと努めるように、この形容詞は力の行使を制限し、多元性と懐疑心、アイロニーをもたらすのである。

第二章　リベラルな民主主義者

奴隷制、人種差別、女性蔑視、外国人嫌い、階級闘争といったものが当初からデモクラシーに影を落としてきた。民主的政治家たちは奴隷や女性、外国人、地元の労働者階級を支配してきたが、彼らの同意を得ることなど思いも及ばなかったのである。歴史上最初の非民主的なデモクラシーはアテナイであったが、アテナイの政治家、ペリクレスはおそらくは最初の、そして間違いなく最も偉大な非民主的な民主主義者だった。人口に膾炙している言い回しに、完璧な人などいないというものがあるが、デモクラシーの歴史が示唆しているのは、もっと強烈な事態である。誰もが根本的に不完全な存在なのである。

人民は自己統治すべきであるとの着想そのものは良かった。政府は自由闊達な討論によって形成された多数派人民の同意に基づくべきである。だが多数派を決めるのは誰か。人民とは誰か。原則的にその条件は包括的であり、都市や国家の住民すべてが、である。もし人民の一部が統治し、他の人民が統治されているなら、それは明らかに自己統治とはいえない。しかしながら、多くの民主主義国で行われているのがこれである。実態が原則と乖離しているのである。フランス革命以降、長い一連の政治闘争はこのふたつを一致させることを狙ってきた。

何らかの時期に、部外者である人々の繰り返される侵入にさらされているポリスのデーモスを考えてみて欲しい。この侵入者は外部から入ってこようとしているのではない。彼らはポリスの市民とされてはいないのに、すでにポリスに居を構えているのである。彼らは身体的にはそこに存在しているのだが、政治的には存在していない。市民の実際の生活は排除によって形成されている。市民は部外者扱いのままの人種的な「他者」、あるいは宗教的な、あるいはエスニックな「他者」を基準にして自分たちを定義している。この他者は自分たちの役に立つ召使いや奉公人であるが、主人は部内者たちなのである。その後、次のような事態が続く。侵入者たちは、単にポリスに入ってきただけではない。彼らはポリスを変容させるのである。彼らは既存のヒエラルキーを破壊するか、あるいは破壊に着手する。彼ら全員が政治的なポリスのなかに存在し、デーモスの一員となるまで、そして以前には部外者であった人々全員が自己統治を行う市民になるまで、彼らは立ち止まろうとはしないし、立ち止まるべきではない。これはどのような事態だろうか。われわれはまだその答えを知らない。

現在進行形の包摂のプロセスはデモクラシーそのものを発展させるものである。それを修飾する形容詞は不要である。人民へのエンパワーメントはラディカル・デモクラシーと呼ばれることもあるが、デモクラシーとはまさにそういうものであるといった方がよかろう。このような民主化の主体は（ここアメリカでは）労働者であり、女性であり、黒人であり、エスニックな少数派や宗教的少数派であり、公民権を獲得すべく闘っている新参移民者たちである。時に彼らはすでに公民権を有している何人かの人たちや、部内者である同僚からは裏切り者呼ばわりされる筋金入りの民主主義者からの支援を受ける。その闘争は続き、勝利を確実なものにするには、一度ならずそれを勝ち取らなければならないが、その勝利が真に確実なものとなる日はおそらくないだろう。永遠の闘争はデモクラシーの対価である。排除されていた人々の権利は、彼らが公式に市民になったあとでさえ、擁護される必要があることをわれわれは今日知っている。アメリカにおける黒人闘争の歴史は――南北戦争終結後(Reconstruction era) から一九六〇年代の公民権運動にいたるまで、その半世紀以上後のブラック・ライヴズ・マター運動にいたるまで――戦われ、部分的には勝利を勝ち得た闘争もその後何度も繰り返し戦われなければならなかったことを証明している。人種差別はアメリカに特有の病理であるが、ほかにも同じことを繰り返し行う、同様な反復の政治を必要とするもの――例えば階級やジェンダー間の不平等――が存在する。

それでも、デモクラシーは、人民の大多数が、誰もが数に算入され、国を統治する秩序を作り出すという、常軌を逸したプロジェクトである。デモクラシーは多数者の支配を意味するが、そこでいう多数者の支配とはどういう意味なのか。多数者の支配を制御するルールとは何か。そこで話に加わってくるのが「リベラルな」という形容詞である。

先ごろ、保守の著作家であるブレット・シュテファンスはポピュリズムを自由主義に対するデモクラシーの勝利であると規定した。彼が意図していたのは、リベラルな抑制に対して多数決デモクラシーが勝利したということなのだろう。リベラルなデモクラシーは多数者支配を——通常は個人の自由と市民的自由を保証し、それを実現すべく設置され、それを擁護する独立した司法制度を確立し、それを擁護できる報道の自由への道を開く憲法によって——制限するものである。多数派は、憲法の制限内でしか行動できないし、あるいは正しく行動することはできない。民主的政治に関わるそれ以外のすべてのものと同じく、この制限は法的側面と政治的側面の双方から論争を呼んでいる。しかしこの論争は多数者支配によって解決されるものではなく、〔逆に〕すでに存在している一連の権利や自由がこの多数者支配によって安易に覆されることがないよう、時間をかけてゆっくりと行われるはるかに複雑なプロセスによって解決されるものなのである。

私は多数者支配の原理や人民代表の重要性を疑問視するつもりなどない。民主制の偉大な成果は普通の人々、あなたや私を意思決定プロセスに参与させることにある。それはわれわれのあいだで議論を交わすことだけにとどまらない。われわれは社会運動や政党を組織し、選挙運動に参加する。そしてわれわれは物事がどうあるべきなのかについてその是非を問う投票を行なったり、物事がどうあるべきなのかに関して投票権を有する代表を選んだりする。しかし、われわれが勝利し、われわれが選んだ代表が着実にその任にあたっている場合でさえ、彼らが決定できる権限範囲には制限が存在するのである。ポピュリスト扇動家たちは、ひとたび彼らが選挙に勝利すれば自分たちは「人民の意志」を体現しており、自分たちが欲することは何でもできると主張する過ちを犯している。不幸なことに、あまりに頻繁に今や独裁者も同然、あるいは最高指導者（Maximal Leaders）に成り上がったこれらの扇動家たちは実際に自分たちが欲することは何でもできているのだ。それでも彼らが決して行ってはならない多くの物事が存在すると主張することは重要である。

　彼らが最初にやりたがるのは次の選挙で自分たちの勝利を確実なものとするための法律を可決することである。そして彼らがそれをまんまとやり遂せたら、有意味な選挙はそれで終わりとなろう。彼らは裁判所や報道機関を攻撃する。彼らは憲法が保障してきたものを侵食する。彼らはメディアに対する支配権を握る。彼らは敵対者や少数者の公民権を侵害する。彼らは自分たちが人民の一部と認めない人々を排除しつつ、有権者を定義し直す。彼らは反対派のリーダーに嫌がらせや弾圧をし、あるいは逮捕する――これらすべてが多数者支配の名においてなのである。彼らはハンガリーのヴィクトル・オルバン[1]が語ったように「リベラルにあらざる民主主義者」なのである。

　民主制は元来、少数者の富を羨み、それを強奪しようとしていると想定されている多数者の支配であると理解されていた。ポピュリズムはこの理解を実演して見せたものであり、少なくともその初期段階では再分配の政治である――もっとも、その主唱者が少数者の富を顕著に削減させる何らかの手を打ってきたことなどほとんどないのであるが。しかしながら彼らは自分たちの成功の鍵である国家運営資金に対しては気前がいい。また彼らは多くの人を組織し、動員して反対派を排除した特殊な種類の政治参加を提供する。

最高指導者は（この人物が女性であることは稀だが）、その人物自体が寛大さの源泉である。ラテンアメリカで何度も目にしてきたように権力にあるポピュリストたちは人民のために、特に自分たちの熱烈な支持者になる人民の最貧困層に対して金銭を使う。彼らは直接、金銭を施し福祉プログラムを拡充するが、たいていの場合、その気前の良い行為を持続させることを可能ならしめる経済を構築する必要性を認識することなどない。抑圧と寛大さは――金銭を使い果たし、最高指導者が当てにできるのが抑圧のみになるまで――手に手を携えている。

ポピュリストの勝利は、今や人民の敵と定義されることになる敗者の側の誰にとっても災厄である。それはリベラルなジャーナリスト――しばしば不当にも頽廃者ないしは扇動者と非難され、拘禁される反対者の日々の声――にとって最大の危険である。そしてもし勝利を確実なものにしようとするポピュリストのすべての努力も空しく選挙に敗れるようなことにでもなれば、それは彼らにとって災厄となろう。というのも、多くのリベラルな民主主義者――つまり彼らの宿敵――は、ポピュリストの憲法に対する攻撃や公民権の蹂躙を犯罪行為であると信じているからである。このたぐいの政治の賭け金は極めて高額なものとなる。選挙での敗北、権力の喪失は、即、監獄行きである。

政治闘争に高い賭け金を払わせる昔ながらの方法が存在するが、リベラルな民主主義者ならその方法は避けざるをえない。古代アテナイにおいては、人民から民主的統治にとって脅威とみなされた政治家を投票で追放（陶片追放）することができた。共和政ローマにおいても敗北はしばしば同じような形態をとった――古代世界は「転地は刑罰にあらず」とのホッブズの格言（『リヴァイアサン(2)』、二四六）に耳を貸さなかったのである。アテナイやローマから退去するよう強いられることは十分な刑罰であると考えられていたのである。しかしホッブズの見解は初期近代においてはおそらくずっとありふれたものであったろうし、今日でもおそらくそうである。ピューリタンのコモンウェルスが崩壊した後、一六六〇年にイングランドから逃亡した国王殺害者たちは自分たちが罰せられたなどとは考えなかった。彼らは処刑を免れ、アメリカ植民地での相対的自由を享受したのである。今

（1）ヴィクトル・オルバン Viktor Orban（1963-）二〇一〇年以降、ハンガリーの首相を務める。「非自由主義的な国家をハンガリーに建設する」と宣言し、司法権の独立やメディアの多様性を攻撃し、選挙制度を操作して一党独裁の強化を試みてきたポピュリスト政治家。

日、われわれはジョン・ロックがオランダで過ごした年月を――一八四八年以降にイングランドで過ごしたカール・マルクスの亡命や、それ以後の数千の反体制派の人々の亡命と同様――名誉ある亡命と考えている。それでも、われわれは亡命が民主的国家における選挙での敗北の当然の帰結であるなどとは考えないだろう。

政治的敗北をめぐる歴史において、亡命より多く見られるのは死である。息子であるソロモンに王位継承を確かなものとするために、古参戦士ヨアブをはじめとする殺すべき人々の短いリストを渡したダビデ王を思い起こして欲しい。「それゆえ、あなたは知恵に従って行動し、彼が白髪をたくわえて安らかに陰府に下ることをゆるしてはならない」〔列王記上 二―六〕。古代ローマ帝国の政策も同じように残忍なものだった。共和国を守るためだと主張した男の手によるユリウス・カエサルの暗殺は、一連の長大な、宮廷陰謀に駆り立てられた情け容赦なき殺人の始まりであった。ヨーロッパ初期近代における絶対王政期に監獄送りとなった敗残廷臣は、これが処刑のプレリュードにすぎないことを自覚していた。トマス・クロムウェルのキャリアに関するヒラリー・マンテルの小説仕立ての説明はこのたぐいの王朝政治を生き生きと描き出したものである。ヘンリー八世の宮廷においてクロムウェルの政敵たちの進言に王が耳を貸すことになった時、クロムウェルには引退し蟄居する可能性などが存在しなかった。彼は宮廷での政敵たちにとって危険極まりない人物であった。彼の敗北は単に政治的なものにとどまらず、身体に関わるものでもあった。彼は死ななければならなかったのである。

一八世紀イギリスの議会政治に対するリベラルな制約は、関係者全員に対する一種の危難回避策だった。これらの制約を強化したのが立憲民主主義である。その目的は政治対立にまつわる賭け金を低下させることである。あなたが選挙で破れても、あなたはすべての公民権――それを保持することによって次回には勝利できるかもしれないところの反対する権利を含む――を保持し続けることができる。政権交代はリベラルな民主政の正常な特徴である。現政権にある誰もが政権交代を望まないのは明らかであるが、政権にある者は誰もが政権交代のリスクを抱え続けているのだ。しかしながらこうしたリスクに投獄や亡命、死は含まれてはいない。選挙での敗北、権力の喪失は、即、帰宅である。

敗者が殺されたり投獄されることなく権力が平和的に移譲されることへの期待に冷水を浴びせかけたのが二〇一六年の「彼女を監獄にぶちこめ！」というシュプレヒコールだった。ドナルド・トランプがこのシュプレヒコールを焚きつけたのだが、大統領選挙でのみずからの勝利の後、ヒラリー・クリントンを本気で監獄に送る一切の労を取らなかった。彼は二〇二〇年のみずからの敗北の後（そして将来のどんな選挙においても）、同様の抑制を期待したに違いない。トランプに扇動された暴徒たちが連邦議会議事堂を襲撃した二〇二一年一月六日の事件の後でさえ、私はそれでもトランプを家に帰らせることが――そして彼をそこに留まらせるべく全力を尽くすことが――正しい行いであると考えていた。うまくいくならば彼を弾劾することが国のためになるだろう。非難でもよい。しかし「彼を監獄にぶちこめ」は選挙期間中やその後の時期においてリベラルな民主主義者のなすべきシュプレヒコールではない。ドナルド・トランプの場合ですら、「われわれはそんなことはしない」と言うべきだろう。

「リベラルな」という形容詞によって課せられる制約は、カルロ・ロッセッリがその著書『リベラルな社会主義』で描き出したまさにそのやり方によって理解される。彼は次のように書いている。「リベラルとは論争に参加しているすべての党派が尊重すべきゲームのルールの総体であり、そのルールは市民の平和的共存を確かなものとするよう意図されたものであり、競争を……許容できる限界内に押しとどめ〔そして〕様々な党派が交代で権力を引き継ぐことを許容するためのものである」。このようにロッセッリはリベラルな社会主義をリベラルな民主主義と合体させている。彼にとっても、彼が信奉する民主主義者にとっても「リベラルな」という形容詞は力を抑制するだけのものではなく、それを複数化するものでもある。それは（ひとつ以上の）「様々な党派」の存在を保証し、その各々に成功する可能性を持ち続けさせるものである。ロッセッリの著作の米国版の序文のなかでナディア・ウルビナティは次のように書いている。リベラルな社会主義は「敵対的で多元的な社会を前提としている枠組みに忠実であること」を要求する。

階級闘争におけるプロレタリアートの最終的勝利がすべての形態の社会的敵対性を終結させるで

あろうとカール・マルクスが論じたのははるか昔であった。そこでは平等な市民からなるただひとつの階級のみしか存在しないだろう。ひとつの階級、ひとつの利害集合、論ずるに値するものなど何も存在しないのである。多元性はそこでもまだ存在するだろうが、それは建築様式や文芸理論、スポーツ団体の多元性であり――権力の獲得をめぐって競合する「様々な党派」の多元性では断じてない。マルクスや彼の同僚フリードリヒ・エンゲルスにとって、人民を統治する政府は必然的に抑圧的なものであったが、それは――人民を解放することになると想定される――「事物の管理」にとって代わられることになろう。しかし、よりありえそうなのは、事物の管理は任命された管理者――その管理者は翻って、絶対的で全能の、大文字の管理者に支配されかねないのだが――によるものとなるのだろう。これがリベラルにあらざる帰結であることは確かである。リベラルなコミュニズムは、もしそういうものがあるとしても、まったく異なった相貌を呈することになろう。それはリベラルな民主主義に似通ったものとなるだろう。

最高指導者たちはリベラルな民主主義にとって脅威であり、いつか将来は、民主政そのものにとって脅威となる。しかしそれへの処方箋は指導者をなくすことではない。一九六〇年代に、そしてまた二〇二〇年代にいくつかの左翼組織はラディカルな民主政の一形態であると自負しているものを採用した。指導者も、権威を授けられたスポークスマンもスポークスウーマンもいないのだそうだ。スポークスマンももちろんいないが、この型のラディカリズムは何よりも大人物——小物ぶってはいるが運動のなかではあまりに大きな役割を演じるシャルル・ド・ゴールやウィンストン・チャーチルのような人物——向けのものであった。実際、指導者をなくすことは民主政を増強させはしない。一九六〇年代公民権運動の大立者、ブルース・ハートフォード(2)は傾聴に値することを述べている。「実生活において『指導者の不在』がもたらすのは最も声の大きな者、最もカリスマ的で最も操作に長けた者、誰しもを支配し威圧するおそれの最も強い者の登場だけである——そこには説明責任などまったくないのだ」。

二〇一一年の〈ウォール街を占拠せよ〉運動は一連の異なる諸問題を抱え込んだ指導者不在の好例だった。操作や支配を行うにはあまり時間がなかった。その高揚期には平等主義的な匿名性が存在していた(誰か一人でも運動参加者の名前を覚えておられるだろうか)。不平等——一%の富者たちと九九%の者のあいだの不平等——に対する占拠者たちの批判の声が国じゅうに響き渡った。しかしその批判の共鳴は短期で終わった。組織化による運動の継続は見られなかったのである。その五年後、ドナルド・トランプが大統領に選ばれた。彼の唯一の立法上の業績はこの一%の富者をさらに甚だしく富裕化させる税制改革だけだった。

民主政治は国内版のネーションビルディングを必要とする。それは複数の野党と政治活動を指導し維持する複数の運動——そのうちのいくつかは好機が訪れれば政権交代を担うことができよう——を創り出すことを必要とする。突然の自然発生的蜂起は必ずしも必要ない。左派は、右派も同じだが、他者を代弁し、政治綱領を提案、ないし擁護し、決定を下し、政治的反対を表明するにあたって決定的に重要な形態である非暴力的な行進やデモに不可欠な規律を強化することのできる説明責任ある指導者を必要としている。

リベラルな民主主義が課す抑制のように、規律が自発的なもの、一種内側からの抑制であるかぎり、規律のとれた運動に関してはリベラルにあらざるものは何もない。平和的であることを貫き通せるよう、行進を行うにあたってあらかじめ訓練された音頭取り役は責任ある指導者の右腕である。彼らはまた、民主的市民と同義である行進参加者のコミットメントを表明している。彼らは自分たちが望むことなら何だって実現できるものではないことをわきまえている。「自分の好きなことを気にせずやれ（Do your own thing!）」というのは民主的スローガンではない。リベラルな民主的国家は国家公務員が多数者の支配の名の下に諸個人の権利を侵害することができないよう設計されている。リベラルな民主主義運動はその活動家たちが、革命の名の下に見物人に嫌がらせをしたり、窓ガラスを打ち破ったり、車に火をつけたり、商店を略奪したりして同胞市民の権利を侵害することができないよう設計されている。阻止されるべきは第一に圧政であり、次にアナーキーである。（アナーキーにもま

（2）ブルース・ハートフォード Bruce Hartford（1944-）アメリカの公民権運動活動家の大立者。六〇年代にキング牧師と共に南部キリスト教指導者会議で活動すると同時にSDSの主要メンバーでもあった。

た平和的でリバタリアン的な変種が存在するが、運動の規律が乱れた時、この変種がそのままで居続けられるか不明である。」

規律は市民的不服従にとってもまた必要である。市民的不服従とは民主的な社会において法を破る正当な方法である。一九六〇年にノース・キャロライナで座り込みを行い、ウールワースの白人専用ランチ・カウンターからの退去を拒否した黒人学生たちは、自分たちの非暴力はまったくもってプラグマティックなものであると語った。彼らが説明するに、それはいついかなる場所でも非暴力的たらんとする黒人牧師のそれのように、宗教的に動機づけられたものではなかった。しかし実際のところは、敬虔さとプラグマティズムの両方が学生たちを突き動かしていた。彼ら学生たちは、しばしば自分たちのコミュニティの宗教的指導者と論争を交わしてはいたが、彼らを尊敬していた。そして政治的に賢明であろうとして、彼らは〔白人〕当局の強制力を承認していた。敬意と深慮が相まって初期公民権運動の並外れた自己規律と団結心が保たれていた。

しかし、非暴力という形態をとった礼節はまた、民主的に制定された法を尊重する姿勢にも託されている。疑いなくデーモスは本来そうあるべきほどには包括的ではなく、多数派の人民はしばしば物事を履き違えるものである。非暴力的な市民的不服従はこの履き違えに対してのみ反対するものなのであり、民主的プロセスそのものに反対するものでも、そのプロセスが体現している価値に反対するものでもない。牧師たちと共に、座り込みを行った学生たちは、人類は皆、神の似姿として創造されているとの宗教的理念に訴えかけていた。彼らはまた、同胞市民の積極極まりない政治的コミットメントを望んでいることを訴えていた。

責任ある指導者と非暴力の規律には、多元性や政権交代ともども政治的対立の賭け金を下げる働きがある。初期公民権運動を担った学生指導者たちは、対等な者たちのなかでも飛び抜けていた。彼らは自分たちの同胞に対して、また自分たちのコミュニティに対して応答していたのであり、デスマッチ的な政治を探求してはいなかった。こうした南部の若者たちのような政治活動家、あるいは社会正義やジェンダー間の平等、あるいは国内のどこにあっても認められなければならない労働基本権を求めて戦う政治活動家は、自分たちの敵対者に次のように宣言することから始める。「私たちは暴力を使いません。だからあなた方もまたそうしてください」。このやり方は一九六八年のシカゴにおける警察官暴動(3)の時のように、いつもうまくいくとは限らないし、公民権や労働組合の歴史における多くの出来事は十分にこのことを実証している。しかしこのコミットメントは大切である。それは道

(3) 警察官暴動 the 1968 police riot　一九六八年八月二九日、シカゴで行われた民主党党大会はベトナム反戦運動の最中、警察による大規模な武力弾圧から暴動に発展した。この暴動の首謀者として起訴されたイッピーたちは後に「シカゴ・セブン」と呼ばれ、映画化もされたが、全員が共謀罪では無罪となった。

徳的に正しいことであり、政治的に心強いものである。政治運動は勝利を目指すものだが、それは社会変革も目指している――このことは右翼の敵対者のみならず、現状に慣れきり新しい理念に不安を覚えるような一般市民をも驚かせるに違いない。運動活動家はそうした人々に、自分の生命や財産が脅かされていると感じさせる理由を決して与えてはならない。ここで言う財産とは、彼らが保有する小規模な資産のことであって、富裕層のそのまた富裕層が危険にさらされるのは当然のことかもしれない。

闘争が延々と続くだけで、それが成功をもたらさなかったらどうだろう。警察の対応は残忍で活動家は勝てない。あるいは一九六〇年代の公民権運動活動家のように、何かを勝ち取りはしたが、それが期待を遥かに下回るものだったらどうか。「我々は勝利した」と彼らは言うかもしれないが、「全面勝利ではない」。アメリカの人種差別の構造と現実は全面的にではないにせよ、実質的に残存している。不釣り合いな数の黒人が貧困に喘ぎ続け、病いや失業に耐え、警察の手によって命を落としている。その結果、定期的に、とはいえいつも突然にであるが、デモは暴動に発展する。窓は壊され、店は略奪され、パトカーは放火される。トビ・ハスレットは二〇二〇年に起こった警察によるジョージ・フロイド殺害に続く暴動を、力強く情熱的でロマンティックなエッセイとして（『n＋1』誌に）寄稿している。彼にとって、この暴動はその年の夏、アメリカ中で起こった異常なまでの大規模な抗議運動――私のような人々が喜んで参加した平和的抗議運動――を「推進し、それを甚だしいまでに可能にした」革命的行動のビジョンを垣間見せるものであった。ハスレットはこう書いている。「暴動はうまくいき、野獣は咆哮した」。

だが、暴動が事実上の叛乱の様相を呈していた都市（ミネアポリス、ポートランド、シアトル）では、多くの人々が怯え、闘争に参加すべく動くよりもそれに背を向けるようになった。ハスレットが歓迎したような暴力は民主的社会では通用しないが、それでも暴力は民主主義に傷を与える。暴徒が燃やしてしまったものは戻ってこない。解放された地区は犯罪者の溜まり場と化す。そうなってしまうと普通の活動家は家に帰ってしまう。とはいえ、暴動と抗議運動のあいだには弁証法的関係があるかもしれない。いや、それは分業と言った方がいいかもしれない。窓を割るのはあなた方だ。私はデモに参加し行進する。そして私たちのあいだで、私たちは世界を（あるいは都市を）変えるのである。私は疑念を持っている。暴動はいまだ革命や社会変革的な政治への道を開いてはいない。むしろそれはおそらく、反革命、法と秩序を自分たちが担っていると自負する勢力を勢いづかせてしまっている。真の変革に必要なのは、瞬間瞬間の動員が日々継続的に行動できる規律ある運動に変わっていくことである。それもまた必ずしも革命をもたらすものではないが、――アントニオ・グラムシ[4]のいう「へ

(4) アントニオ・グラムシ Antonio Gramsci (1891-1937)　イタリアのマルクス主義思想家・革命家。イタリア

ゲモニー闘争〔ウォルツァーは war of position と書いているがあえてヘゲモニー闘争と訳した〕」のように——物事はゆっくりと進むものなのかもしれない。ヘゲモニー闘争ではその戦士は政治的変化のみならず文化的変化も目指しており、広大な地平線を見据えて着実な活動を行なっている。グラムシは書いている。「政治において、ヘゲモニー闘争は、ひとたび勝利を収めれば、それは決定的である」。もっともこれは約束ではないのだが。

権力を求める競争は広く開かれており、多くのものが賭けられているが、すべてが賭けられているのではない。社会を変えてゆくための継続的な闘争、それは変革的ではあるが革命的ではない——これらはリベラルな民主主義の決定的に重要な特徴であるが、それがすべてではない。「リベラルな」という形容詞が持つ多元化作用は民主的国家の隅々にまで及んでいる。その作用は人口密度が高く多様性に富んだ市民社会を素晴らしく活気に満ちたものにしている。ありとあらゆる結社が出現し、そのすべてが自発的結社と標準的に記述されている——もっとも多元性を称賛するリベラルなコミュニタリアンは自発性に関して、よりニュアンスに富んだ見解を有しているのではあるが。〔これに関しては後述する。〕

市民社会とは人々が友人や同僚、同志、仲間を選ぶ場である。リベラルな民主主義の市民社会には政党や社会運動だけでなく宗教の礼拝や学校教育のための結社も含まれる。またそこには相互扶助と文化的表現のための、共同体の防衛とエスニック集団の向上、ないしは種族の向上のための、慈善事業のための、デイケアや就学前教育、成人教育のための結社も含まれる。さらにはまた、共通利害や共通の趣味――（ありとあらゆる）グッズを収集すること、現実空間や非現実空間でゲームをすること、ハイキングをすること、読書会をすること――を促進する結社も存在する。さらにはそれ以外にも、運動レベルにはなかなか持って行きにくい大義を追求する結社もある。動物虐待の防止、菜食主義とヴィーガニズム、近隣の防犯と美化、火事やハリケーンに見舞われた人々の支援、あれやこれやの健康的生活の促進などがそれである。そこでは大義と目的とは重なり合っている。こうした集団は世間の注目、影響力、メンバーと資金を獲得すべく競争をしながら成長と衰退、集合と離反を繰り返す。人々はサービスや会議、学級、祝賀会を組織したり、集会を開いたり、サマーキャンプや海外旅行、（講師同行の）海洋クルーズを実施したり、資金調達キャンペーンを開始したり、会員向けの雑誌や会報を発行したりする。それらはオンラインであったり、あるいはいまだに街頭でドアをノックしたりする方法で行われる。

これらすべてはリベラルな民主主義で営まれている共同生活である。リベラルにあらざる社会に

共産党の結成に携わったが、一九二六年にムッソリーニ政権によって逮捕され、収監される。獄中で執筆された膨大な量のノートは今なお多くの思想家にインスピレーションを与え続けている。三七年、釈放直後に死去。

おいても民主的でない社会においても、これらの集団が存在しうるし、これらの活動が行われうるが、そこではこれらの集団や活動は一党独裁国家や最高指導者とその支持者の手に握られている可能性が高い。多くの集団が縮減させられ、活動は統制され、出版物は検閲されている。ここアメリカでは、国家によって組織された抑圧の時期もありはしたが、そのようなことはまったく起きていない。われわれの民主政は深刻なまでに不完全にリベラルであり、極端な不平等のために多くのアメリカ人が市民社会の活動に十分に参加することができずにいる。しかし積極的に活動している人にとっては結社での生活が持つ活力は明白である。実のところ、消耗も激しい――時間とエネルギーに対する彼らの要求が高すぎるのだ。

「リベラルな」という形容詞が最も重要なものとして保証するのは市民社会の自由、市民社会の開放性である。これがどのように機能するのか、簡単なストーリーで説明してみよう。一九七〇年代に私は小さな哲学的討論グループの一員だった。大学から（ごくわずかな）資金援助を得るためにグループ名をＳＥＬＦ（Society for Ethical and Legal Philosophy「倫理・法哲学研究会」）とした。われわれのあいだでは、それは自惚れも甚だしく「愚鈍哲学撲滅協会Society for the Elimination of Lousy Philosophy」だった。われわれの綱領は、かりそめにもわれわれがそのようなものを持っていたとするならばだが、現在の政治的、社会的問題に哲学を活用していくことだった。メンバーの大部分はリベラル派と左派だった。しかしわれわれには当局に登録する義務は一切なかった。どの政府機関もわれわれの誰かに対して、お互いのことを報告するよう求めなかった。われわれが大学から得ていた資金は旅費に充てられていた（われわれは会合のために二つの都市を交互に使っていた）が、どこに行くのか尋ねた大学関係者はいなかった。数年間の議論の後、われわれは、戦争、アファーマティブ・アクション、不平等、課税における正義などの喫緊の重要性を持った問題についてわれわれが、あるいはわれわれと志を同じくする人たちが議論することのできる雑誌を作ることにした。出版のサポートを見つける苦労はほとんどなかった。（メンバーの何人かは哲学者として著名だったからである。）サポーターの誰も雑誌の内容に一度も干渉はしなかった。われわれは編集者を選び、ＳＥＬＦの数人のアドバイザーと共に、どの記事を掲載し、どの記事を却下するかを決めた。われわれは非常に多くの学術誌や政治誌と張り合って読者を探し求めた。

同じ頃、東欧やソ連の反体制派哲学者たちも会合を持ち、執筆し、彼らが書いたものを出版しようとしていた。しかし彼らはお互いの居間で秘密裏にこっそりと会っていた。彼らはお互いに信頼し合っていなければならなかったが、彼らのなかにはしばしば密告者がいたので、それは難しかった。当局が関心を示していたので会合は危険なものであった。こうした哲学者たちが書いたのはサミズダート（「自費出版」）〔サミズダートはロシア語で自費出版という意味だが、実際は発禁となった書物を複製し仲間内で流通させたものを指し、その意味で地下出版と呼ぶ方が適切〕であり、彼らは自分たちが友人や同志と団結しているると想像してはいたが、執筆は孤独な仕事だった。ロシアの反体制派、ウラジーミル・ブコフスキー(5)はサミズダートを次のように定義した。「自分で書いて、自分で編集して、自分で検閲して、自分で出版して、自分で配布して、それがために自分で刑務所に入る」。(ブコフスキーは精神病者刑務所や強制労働収容所で一二年間を過ごした。)反体制派哲学者たちは「自己」という言葉が別の意味を持ちうるわれわれの体制のようなリベラルな民主主義を切望していた。哲学的著作を地下活動として書くことは、オープンで自由に書くことよりもエキサイティングで、より有意義かもしれない。その賭け金は確かに高い。しかしほとんどの哲学者は「リベラルな」という形容詞が保証する開放性の方を選ぶだろう。

しかし、市民社会はどこまで開かれているべきだろうか。それは永遠の疑問である。リベラルな民主主義には民主主義に反対する政党や運動を組織し扇動する余地があるのだろうか。憲法上保障された言論の自由にヘイトスピーチは含まれるだろうか。私はこれらの問いに対して綿密に議論された答えを与えてみるつもりはない。リベラルな民主主義者は言論の自由、報道の自由、結社の自由など、あらゆる市民的自由の擁護者である。しかしこれらの自由を絶対的に防衛しようとすることが「リベラルな」という形容詞によって要求されるものであるのかどうかについて、私には多少の懸念がある。一般的な見解ではそうではあるが、「絶対」という言葉と「リベラルな」という言葉は同居させると居心地が悪くなることも確かである。バリー・ゴールドウォーター上院議員の「自由を擁護する過激主義は悪徳ではない」という主張は、リベラルな議論がそこから始まるようには聞こえない。

一九七八年にイリノイ州スコーキーで計画されたネオナチの行進の有名な事例を考えてみよう。シカゴ郊外のスコーキーの住民のなかには多くのホロコースト生存者がいた——ネオナチがその地を行進の場に選んだのもそのためである。彼らは生存者にナチズムが何であったかを思い出させ、その復活を恐れさせようとしたのである。（私は企画されていた行進が生存者に「精神的苦痛を与える」ものであると語った評論家に共感しない。そんな甘い話ではない。それは生存者の実存に対する政治的な、それ以上に肉体的挑発だった。）アメリカ自由人権協会（The American Civil Liberties Union：ACLU）は騒乱と暴動を禁じた地方条例を発動してそれを阻止しようとした市当局者のあらゆる努力に対して、この計画されていた行進を擁護した。同様の条例は一九六〇年代に南部で公民権運動の行進を阻止するために用いられた。今日、アメリカ自由人権協会は言論の自由を断固として擁護したと鼻高々である

（5）ウラジーミル・ブコフスキー Vladimir Bukovsky（1947-2019）　ロシア生まれの人権活動家・作家。六〇年代から七〇年代にかけてブレジネフ政権下のソ連で十二年間抑留され、七六年にソ連から追放される。二〇〇八年のロシア大統領選挙で候補者となるが、中央選挙管理委員会に「過去一〇年のロシア居住実態がない」などの理由で出馬が却下された。

る。協会はスコーキーの訴訟では勝訴したが、結局、後になって判明したのだが、この行進は行われなかった。私は――平等を擁護するアフリカ系アメリカ人とジェノサイドを擁護するナチスにとって法律は同じであるべきだとする――法的な主張は理解できる。しかし「リベラルな」という形容詞はこの二つのグループ、ないしは彼らの行進の意味のあいだのいかなる道徳的等価性をも排除するものであると私は考える――そしてこのふたつが道徳的に類似していない（あるいは近接したものですらない）のであれば、本当に同等に扱われなければならないのだろうか。アメリカ自由人権協会が公民権運動の行進を擁護し、ネオナチを擁護することを拒絶したなら、その方がよかったかもしれない。市民的自由を絶対視することに対する少しばかりの懐疑心、ありうべき（多くはない）例外を認めることはリベラルなデモクラシーの大義に役立つだろう。

しかしわれわれはそれでも人々が――ある人々が、ある時に――行進することを望む。一九六〇年代に参加民主主義と呼ばれていたものがリベラルなデモクラシーの一例といえるかどうか、私は確信が持てない。当時の政治運動ではしばしばデモクラシーは参加者の支配と同義であり、それは事実上、すべての集会に出席する時間のある若い活動家たちの支配を意味していた。この問題については一部のコミュニタリアン理論家たちが支持する市民的共和主義（civic republicanism）について論じる際に立ち戻ることにしたい。ここでは次のことを言っておくにとどめる。一九六〇年代の公民権運動や反戦運動のような政治運動や社会運動は活動家を必要としていたし、彼らのコミットメントと彼らが割いた時間を必要としていたし、彼らの支配を受け入れなければならないかもしれない。しかし都市や国家の民主的政府は運動ではない。

リベラルなデモクラシーは市民の活動を可能にするし、われわれリベラルは多くの人々が議論し、組織化し、デモを行い、投票することを望んでいる。しかしリベラルなデモクラシーが許容し容認する活動と無活動には、その程度に差がある。誰もが政治や選挙に参加できなければならないが、政治に興味がないからといって出てこない人々のための余地も存在しなければならないし、家族や仕事の義務を優先する人々や、転々と居場所を変える人、断続的な参加にとどまる人、脇から余計な口出しをするだけの人のための余地もなければならない。リベラルな民主主義者はブランダイス大学での恩師で私の政治面での師でもあったアーヴィング・ハウ[6]が「参加しない権利」と呼んだもの――これは一八八〇年代にマルクスの娘婿、ポール・ラファルグが擁護した別の権利、すなわち怠ける権利に近いものかもしれない――を認めるだろう。

（6）アーヴィング・ハウ Irving Howe (1920-1993)　民主社会主義を標榜するアメリカのユダヤ系評論家。スターリニズムやマッカーシズムといったその時代時代の支配的正統派に対するカウンターパンチャーとして名を馳せた。

活動家と非活動家を結びつけるものは何か。リベラルな民主主義における市民社会とは、人々が自由に加入したり離脱したりする、（その大部分が）自発的結社からなる多元的世界のことである。また私は、民主主義的な政治とは活動的な市民と非活動的な市民からなる世界、フルタイム、あるいはパートタイム、ノータイムで参加する、あるいは参加しない人々からなる世界のことであるとみなす。それではデーモス――「人民」、すなわち自己決定を行う「集合的自我」――を構成するのは誰か。「リベラルな」という形容詞がデーモスを腑分けすることになるのかもしれない。このアイディアには幾許かの真理が含まれていよう。リベラルな民主主義者は共通のアイデンティティへの要求に無頓着であることが多く、集団的規律に順応することは少なく、自分たちの同意なしに課せられた規律に抵抗する度合いが高いだろう。しかし彼らが税金を払い、法を遵守し（少なくとも時々は）政治に関与する市民ではないと考える理由はない。両者を結びつけているのはシティズンシップそのものである。両者は政治共同体の対等な構成員であり、自分自身とお互いを対等な構成員であると認識している。彼らは参加するかどうかにかかわらず、すべての人が意思決定に参加する権利を持ち、すべての人がなされた決定の結果とともに生きなければならないことを受け入れている。自己統治を実践することによって生み出される共通善と共通悪が存在するが、市民は一丸となって善を手に入れ、悪を排除したいと願っている。私たちは皆、同じボートに乗っているのだ。

こうした共通の願望だけではなく、ボートの乗員は市民宗教——これに対して宗教色は薄いという人もいるが、儀式や祝日、権威ある文書を伴っているので十分に現実的である——も共有している。これには帰化手順、就任宣誓、国歌、忠誠の誓い、独立記念日、戦没将兵追悼記念日、独立宣言、憲法なども含まれる。この宗教が数千年前から存在してきた宗教の強度を欠いていることは疑いない。市民宗教はおそらく信条を持つ宗教ではあるが、神学は持たない。市民宗教にはそれなりの意義がある。

付随的利益や儀式を伴ったシティズンシップは強力な政治的仲間意識を作り出すことができる。それは民主的な政府を維持する上でさらに重要なものだろう。二〇二一年一月六日に頂点に達した政治的危機のなかで、この国は激しく分断された。政治的階級間の分断もあった。しかし公務員は立憲民主主義を堅持した。極右とネオファシストの暴徒はディープステート（国家安全保障機関）からの支援を受けてはいなかった。左派に属するわれわれ多くの者にとって意外だったのは、彼らがいわゆる「国家の一階レベル（ground-level state）」——判事や州職員から票数の集計にあたった一般市民にいたるまでの範囲の公務にあたった人々——からの支援も得られなかったことである。これらの人々は皆、ユルゲン・ハーバーマスが「憲法愛国主義」と呼んだようなものに動機づけられていたと思われる。

それでも、二〇二〇年一一月の選挙から連邦議会議事堂への乱入に至るまでの困難な数ヶ月に愛国者を自認する多くのアメリカ人はこれらの公務に当たった人々はすべて反逆者だと考えていた。ワシントンの暴徒たちは、自分たちが白人キリスト教国家だと勝手に思い込んでいる本当のアメリカを守ろうとしているのだと主張した。彼らはリベラルにあらざるナショナリストであり、おそらくはまたリベラルにあらざるコミュニタリアンでもあった——そして、私が思うに、彼らはアメリカについて甚だしく誤解していた。しかしここで少し立ち止まって、彼らの政治がもたらす問題について問うべきであろう。アメリカが何を意味するのか、唯一の、反多元主義的理解をもつことなく、良い時も悪い時もわれわれが暮らしているような社会を維持していくことは可能なのだろうか。「われわれ」という代名詞は、共有された物質的理解や市民としてのアイデンティティに加えて、あるいはそれに先立って、共有された歴史、文化、宗教を有している人々を指しているのかもしれない。人種的特異性や宗教的特異性がもたらす想像上の感情的な絆がなければ、憲法や同じボートのなかで暮らしているという感覚だけでは足りないのかもしれない。

ウォルト・ホイットマンの短い詩は、これとは異なることを示唆している（ハーヴァード大学での私の受け入れ担当者であるサム・ビアーはこの詩を読むことを勧めてくれた）。

自己なるものをおれは歌う、つまり単なる一個人を
それでいて民主的という言葉も、大衆という言葉もおれは発する。

生理学について、つまり頭のてっぺんから爪先まで、おれは歌う
〈中略〉
男と同等に女もおれは歌う。
生について、つまり情念、脈動、活力にあふれ、
元気で、自由自在な活動のため神聖なる法のもと形作られた生について、
現代人について、おれは歌う〔邦訳一一～一二〕

現代人であるホイットマンは「単なる一個人」であると同時に、男性も女性も一切合切含めた民主的な他者たちと団結している。彼が暮らしているのは多種多様な人々からなるアメリカであり、それは根本的に多様で矛盾に満ちており「情念、脈動、活力にあふれ」ているが、必ずしも分裂しているわけでも、分裂していたとしても、修復不能なほどではない。彼は別の詩のなかで、アメリカの歌声が聞こえると書いているし、また彼は時々、少なくとも「私が聞いた多様なキャロル」はまた「力強いメロディを持った歌」だったと考えていた。

ナショナリストとコミュニタリアンは「私たちを繋ぎとめているのは何か」という問いに対して彼らなりの答えを持っている。彼らのなかには次の限りでトランプの暴徒に同意する者がいる。それは共通生活と共通善は古来の宗教と関連性を有した一種の熱情――仲間意識の高揚感と「他者」への

警戒心――に依存するという考えである。しかし一月六日に起きたことが示唆しているのは、政治的感情が政治的利害と同じく分裂しうるし、おそらくはその程度がより高いということである。アメリカのナショナリズムは、後に述べるように、統合傾向より分裂傾向にあり、外国に対してよりも同胞市民に向けられることがより多い。またコミュニタリアンはしばしば、ホイットマンのアメリカやわれわれのアメリカではなく、あたかももうひとつ別の、より均質性の高い国で暮らしているかのような書き方をする。

シティズンシップや物質的利害、控えめな市民宗教（そしてわれわれが耳にする様々なキャロルの鑑賞と相まって）こそがわれわれの社会のような、極めて多様性に富む政治社会の最高の統合者なのだという理念をリベラルな民主主義者が堅持してくれること――そしてその理念に付き従った社会政策や経済政策を受け入れてくれること――を私は願う。ドナルド・トランプを支持し、連邦議会議事堂を占拠した暴徒に共感したアメリカ人の多くは、政治学者が「有効性感覚（sense of efficacy）」と呼ぶものを失っていた。彼らは怒り、憤慨し、機能不全に陥っていた市民なのであり、彼らの政治との断絶は新たに生じた経済的脆弱性と国の支配者が自分たちを見限ったとする理不尽とは言えない信念によって強化されていた。彼らは置き去りにされていた。彼らはもはやホイットマンの複雑なアメリカン・メロディの一部ではなかったのである。彼らをどのように呼び戻せば良いのか私にはわからないが、ひとつ方法があるとすれば――まさに次のことから始めることだ――それは全員の物質的利害関心が等しく尊重される包摂の政治を作り出すということである。

民主的なシティズンシップと憲法愛国主義がわれわれの分裂に対する部分的な治療法にすぎないとしても、それは必要な治療法である。これらのものが有する力は民主主義教育の成功に大きく依存している。民主主義教育は市民の再生産に中心的に関与しており、各々の市民が他のすべての市民に民主的にコミットするという感覚を涵養していくべきものである。しかしリベラルなやり方での公教育は、これに加えて独立心を生み出し社会批判を可能ならしめるものであるが、これは一部の人々、リベラルにあらざる民主主義者にとっては国民統合への侮辱と受け取られている。教育界では今日、必要な問題である人種や人種差別の問題を扱う、甚だしくリベラルにあらざる見解が多く見られる。右派のポピュリスト政治家はアメリカの制度に対するいかなる批判も排除しようと努めているし、左派の活動家は批判を正しく理解できない人を中傷している――このことからもわれわれの学校教育がいかに大切であるかがわかる。

事実上、すべてのアメリカ国民は子どもの頃に何年も学校で過ごしており、アメリカの政治制度、歴史、文学のコースを取らなければならない。最初の二つは私の高校では必修科目で、学業系と職業教育系の両方の生徒がその対象だった。デモクラシーは、いつの日にか自分たちの政治生活を形作ることになるすべての少年少女に対する教育を必要とすると思われる。民主政を敷いていたアテナイには公立学校は存在しなかったが、アリストテレスはそれが不可欠であると信じていた。「国家における教育制度はすべての人にとって同一のものでなければならず、この制度の提供は公的行動の問題でなければならない」（牛田徳子訳『政治学』、京都大学出版会、二〇〇一年、三八二頁以降参照）。アリストテレスのこの種の制度が民主的国家で一般的となった今日、ポピュリストやナショナリストが権力を握った時に最初に行うのが学校に対する支配権を掌握することである。彼らは自分たちの権威主義的イデオロギーを反映させるべく教科書を書き換えさせる。彼らはまたイデオロギーにコミットした教師を採用し、反体制的な見解を持つ教師を追放する。彼らが目指すのは政治的洗脳と排他的愛国心の育成である。これとは対照的に、リベラルなデモクラシーとリベラルな教育のあいだには密接な関係がある――この関係はジョン・デューイによって初めて明らかにされたが、アリストテレスがアテナイの哲学者であったように、デューイはアメリカの哲学者だった。

民主的文化に適合したデューイの「進歩的」教育のためのプログラムは、権威主義的な教師、堅苦しい教室の規律、丸暗記といった伝統的な学校教育が有していたあらゆる硬直性に対して向けられていた。（高校の公民の教師がその学期も残すところ二週間となったところで立憲民主主義に関する教科書を駆け足で進めて、用語集を暗記するよう命じたのを私は覚えている。）デューイと彼の信奉者たちは生徒たちが自分のペースで学び、カリキュラムを決めるプロセスに参加し、批判的に考えるよう奨励されるより協働的な教育プロセスが民主主義的シティズンシップのための正しい準備であると考えた。これに対して、まだたいして物を知らない子どもたちが参加しすぎると読み書き算盤などの基礎的科目の学習がおろそかになると論ずる懐疑的な者もいた。彼らは、教師こそが主導権を握らなければならないと主張した。確かに教師と生徒のあいだの不平等は将来の市民としての不平等と結びつくものではない。しかし教師の権威は教室にいる極めて多様性に富む少年少女のそれぞれにとって真に役立つものでなければならない――そうだとすると彼ら全員との民主的な関わり合い方が必要となる。これがデューイの主張の要点であった。彼の学校は探究心をもった若年成人たち(young adults)を輩出した。彼らはナショナリストでもコミュニタリアンでもなかっただろうが、良き立憲愛国者であったろう。

「もうひとつの事実〔トランプ流の嘘のこと〕」や陰謀説を信じる数百万の同胞市民の存在は、われわれの学校が科学に精通し、強靭な心を持つ現実主義者を十分に育成していないことを強く示唆している。いま現在、最も必要と思われるのは批判的経験主義と呼ばれうるものに関する教育の強化であり、それは事実とは何か、科学はどのように機能するのか、「真実」とは何か、嘘をいかにして見抜くかを教えることである。生物学や物理学から歴史や英語にまで至る教師が教える教科のすべてについて、これらの問題に生徒と関わることを教師に奨励する必要がある。これはおそらく、多様性やアイデンティティ、さらには批判的人種理論(これは大学での授業に好適な主題のひとつである)について教えることよりも緊急性が高い。もちろん、奴隷制についての真実、リコンストラクション〔アメリカの南北戦争後の再建期〕の失敗、人種差別の長い歴史、第二次世界大戦中の日系アメリカ人の強制収用について述べた教科書が学校に供給されるべきであるが――それだけでなく二世紀半にわたるアメリカの民主的制度の驚くべき持続性についてもそうである。教師はそのすべてにおいて真実を語り、また真実を語ることを教えるという方法で教育を施す必要がある。

ルソー型の参加民主主義なら職業教師に代わってコミュニティの価値を体現しているといわれる賢明そうな年配市民を据えるだろう――それは同様に、職業警察を近隣委員会に、職業政治家を全員の支配である直接民主政に置き換えるだろう。ガヴァナンスと取締りの問題はコミュニタリアニズムを扱う章に譲るとして、ここでは教育におけるプロフェッショナリズムを擁護する議論を行っておきたい。一八、一九世紀のリベラルで民主的な諸革命の重要スローガンは「才能ある者に開かれたキャリア」であった。開かれたキャリアは子どもが親の地位と仕事〔あるいは余暇〕を受けつぐというカースト社会への挑戦である。しかしそれは、ルソーが言うように、市民が自分で何でもする社会とは相容れない。キャリアは、才能ある人がそれを渇望できるようなキャリア、彼らがやりたがるような仕事がある場合にのみ、才能ある者に開かれうる。われわれは皆、高い能力を持った人のサービスを受けたいからであるが、それは、教える科目に精通し、教室にいる少年少女たちの心理に精通した教師に自分たちの子どもを教えてほしいと親が願うのと同じである。高い能力を持つ人が自分の能力に見合った仕事――地位や職業、責任――を見つけることができることはそれに劣らず重要である。子どもに教えることを望む人は自分自身を良きプロの教師に鍛錬すべく努めなければならない。これこそが「幸福の追求」だろう。

随分昔に私が通っていた高校は統合校だった。生徒は中流階級や労働者階級の人々が住む地区から通っており、エスニック的に多様であったが全員が白人だった。教師も全員が白人であり、彼ら全員が冷戦期の慣習にコミットしていた。しかし彼らはまたプロでもあった。一九五〇年代初頭、ペンシルヴァニア州議会は高校における自動車運転免許取得コースを奨励し、そうしたコースを設置した高校に無償で自動車を提供するという法案を可決した。私が住んでいた町では教育委員会はこれを「忍びよる社会主義」の一例であると考え、この申し出を断ってわれわれに運転の仕方を教えることを拒否した。私は委員会がこの決定を取り消すよう求める誓願書を回覧に回した。すると学校の歴史科教師が私を呼び出し、私の両親がどこの出身であるかを尋ねた（今日、マイクロアグレッションと呼ばれるものの典型である）。彼女は私の両親がロシアの共産主義者に違いないと思い込んでいたのだろうと思う。ニューヨークとコネティカットですと私は彼女に言った。彼女がどう反応したか覚えていないが、その年度の終わりに彼女が世界史で私につけた成績は公平だった。彼女は頑固な女性だったが、プロの教師でもあった。コミュニティの年配者ならおそらく私への扱いはもっとひどかっただろう。

プロの教師はその仕事ぶりにしかるべき報酬を支払われるべきである。アメリカでは、強力な教職員組合が存在する一部の都市を除いて、低賃金であることで悪名高い。彼らに払われる敬意も低すぎるが、民主主義のエートスを生産し再生産するという重要性に鑑みるとこれは非常に奇妙なことである――彼らはこのプロジェクトの大部分において責任者（それ以外のわれわれ全員の責任でもあるが）である。しかしながら民主主義のエートスは十分な市場価値を有してはおらず、それを決定するのは資本主義社会において――その資本主義が完全に民主的であることなどないのだが、まがりなりにも民主的であると思われている場合ですら――どれだけ稼いだか、どれだけ尊敬を集めたかなのである。こうした問題は社会主義者にとって格別の関心を呼ぶ問題である。

リベラルな民主主義者が擁護するのは次のような国家である。すなわち、権力が制限され、共同生活が多元的で包括的であり、反対する権利が尊重され、子どもたちの好奇心が抑圧されるのではなく涵養されることを教師が保証し、すべての男女が政治の担い手であり、あらゆる集会や運動に参加もできるし家に留まることもできて――他の人たちと対等である――そういう国家である。社会主義者は民主的政治にとどまらず、社会や経済を横断する領域にまたがる、より急進的な平等主義に傾倒しているが――それもまた「リベラルな」という形容詞によって、多くの点で同じやり方で制限される必要がある。

第三章　リベラルな社会主義者

「リベラルな」という形容詞は強力であり、それは選挙に勝利するポピュリストの扇動家だけでなく、われわれのお気に入りである左派が選挙に勝利したとしても、その時は左派をも制約するものである。振り返ってみると、リベラルな民主主義者であり、またリベラルな社会主義者でもあるわれわれは、一九三七年にフランクリン・D・ルーズヴェルト大統領が行ったコートパッキング案〔ニューディール推進のために最高裁判事を増員させたこと〕に疑問を持たなければならなかっただろう。これは左派が行ったポピュリズムの例であり、それから八〇年後に裁判所を右翼判事たちで埋めようとしたドナルド・トランプの奮闘に似ている。いずれの場合の主張も、選挙での勝利とイデオロギー的なコミットメントが司法の公平性を覆すものであった。いずれにせよ、その公平性とて見せかけだけのものだったのだが。そう、裁判官は法的に行動するだけではなくイデオロギー的にも行動するのである。司法の意思決定は部分的に、おそらくは大きな部分、政治的プロセスである。だからこそリベラルな民主主義者とリベラルな社会主義者は司法が行政府と立法府に対して敬意を払うべきであると主張すべきなのである——その構成員が選挙で選ばれ、政治的に説明責任を負っているからである。しかしながら、人権や市民的自由、民主的プロセスに関わる訴訟においては、われわれにとってリベラルな制約を擁護する活動家的裁判官の方が望ましい。

私がそう書き記した、これらの事柄をまさに誤った方向に導いているのがアメリカの最高裁判所である。平等をより拡大しようとする（現実には不平等を削減しようとする）議会とホワイトハウスの努力を最高裁は拒絶する、その他方で民主的な選挙を台無しにしてしまう右翼の試みに介入することを拒絶しているのである。司法関係者は自分たちの得意分野である憲法で保障された自由とデモクラシーと、経済秩序の民主的形成とのあいだの違いを認識すべきである。後者は選挙で選ばれた者たちの任務なのである。

時には司法がプロ意識を発揮する場合もある——それは民主党の大統領から指名された判事と共和党の大統領によって指名された判事たちがドナルド・トランプの大統領令の多くを、十分とは言えないまでも拒絶したときに見られた。しかし党派心の強い裁判官は時として党派的な修正を要求するかもしれない。経済的にも政治的にも緊急事態であったとされて当然であった大恐慌の時代にルーズヴェルト案は最高裁の定員を増やそうと画策した。彼は経済的にも社会的にも必要であると考えた対策に対する、企業の根強い抵抗に直面していた。ここにはリベラルな民主主義者とリベラルな社会主義者が定期的に直面する問題がある――そしてこの問題と取り組むことは決して容易ではない。（だから私自身の議論にも紆余曲折がある。）デモクラシーを維持し、経済危機に対処し、国を社会正義に向かわせ、平等主義的な社会を創り出すためには、どのような政治権力の行使が正当化されるだろうか。

事態が困難であり、政治が緊迫して反対の声が荒れ狂う時、リベラルな左派は立ち行かなくなるとの批判がある。そこで必要になるのが人権と市民的自由の壁を打ち破ることのできる強力な指導者（あるいは前衛政党）であるとされる。一般的には右派陣営で、そして後に見るように時には左派陣営でも、評論家や政治家は権威主義的措置を正当化するために「例外状態」を引き合いに出す。議会の同意を必要としたルーズヴェルトのコートパッキング案は比較的に穏健な事例である。アメリカ史上、最もドラマティックなふたつの権威主義的瞬間に関わっているのは、われわれが普通ならリベラルな民主主義者だと考えるような二人の大統領である。エイブラハム・リンカーンは南北戦争のさなかに国境地帯の州で人身保護令を停止し、ルーズヴェルトは第二次世界大戦中に西海岸から日系アメリカ人を移送し、強制収容所に抑留することを承認した――これらは「リベラルな」という形容詞を決して付すことのできない決定だった。

リベラルな民主主義者も、リベラルな社会主義者も危機における強力なリーダーシップを否定するものではない。実際、たいていの場合、右の立場から論じるリバタリアンの評論家たちは、民主主義者や社会主義者は国家権力の行使をいとわず、本質的に権威主義的であると主張している。人身保護令の停止や同胞市民の抑留は、違法な強制のもっとありふれた事例すべてから注意をそらすための悪名高い事例であるとリバタリアンなら言うだろう。私が本書を執筆している数ヶ月のあいだ、新型コロナウィルスが大流行したが、アメリカの、特に民主党の知事や市長がいる州や都市では州職員にワクチン接種を義務付け、すべての人にマスク着用とソシアル・ディスタンスをとることを義務付けた——そしてこのことに対して、個人の自由の名の下に異議が申し立てられた。閉鎖された空間での大規模集会の禁止は社会主義的な管理統制であると呼ばれた。保守的な裁判官のなかには実際にリバタリアンに味方する者もいたが、裁判所が下した命令はいかなる政府が行う、民主的政府や社会主義的政府の場合ならなおさらだが、そうした政府が行う公衆衛生と安全へのコミットメントとも矛盾するものではないように私には思われる。その裁判所命令は自傷行為を禁じたのであって、私はそれを自然権だと思っているが、それはまた他者を傷つけることを防ぐことにも役立ったのである。

「リベラルな」という形容詞が要求するのは、いかなる強制執行行為も議会や司法の審査を受け、将来的には自由選挙という政治的テストを受けることである。あらゆるレベルの指導者は政治的説明責任を問われなければならない。これがおそらくは二〇二〇年のパンデミックの主要な政治的教訓であり、あらゆるルールを破ることのできる強力な指導者など必要ではなく、必要なのはその場に直面した指導者が無力であった場合の審査と説明責任である。

もちろん、審査と説明責任は必ずしもわれわれが望むようには機能しない。日系アメリカ人の抑留は、当然のこととして最高裁の審査に付され、判事たちによって許可された（この審査で注目すべき反対意見を表明したのはオーウェン・ロバーツ、フランク・マーフィー、ロバート・ジャクソンであるが、彼らの名前は覚えておいて欲しい）。戦時や有事に際して国家が必要とするのは単なる裁判所だけではない。勇敢な裁判所が必要なのである。権力を制約することを必要とする立憲体制もまた、危機に際してその立法者と裁判官が勇気を持って行動することを必要としている。

しかし説明責任は選挙という形をとることもありえる。たとえばルーズヴェルトは一九四四年、戦争のさなかに選挙を控えていた。選挙期間中、彼は日系アメリカ人市民の権利を蹂躙したと批判されることはなかったが、共和党の対立候補がより優れたリベラルな民主主義者であったなら、批判される可能性はあった。ウィンストン・チャーチルは、時には苦肉の策を講じつつも、絶望的なまでに苦難極まりない時期にイギリスを率いたが、アジアでの戦争がまだ続いている一九四五年に選挙を迎え――選挙に敗北した。このことを私は民主的政治の歴史における偉大な瞬間のひとつであると常に考えてきた。世界の指導者たちが戦後世界のあり方をデザインするのに忙殺されていたポツダム会談でチャーチルが突然に更迭されたときのヨシフ・スターリンの驚きを想像してみてほしい。チャーチルの敗北はイギリス労働党の控えめでどちらかと言えばあまり目立たない（しかし非常に有能な）指導者――リベラルな良き社会主義者――の勝利であった。

クレメント・アトリーのようなリベラルな社会主義者は、政治的変革や経済的変革の要求に決して応えられないというのが左派活動家が墨守してきた古い教説である。活動家はリバタリアンが主張するように、民主主義者や社会主義者がいつでも強制力を行使するつもりでいるなどと論じるのではなく、むしろ例外的な瞬間に要求される例外を認めるつもりが彼らになさすぎると論じる。この見解では、リンカーンの人身保護令停止は奴隷制廃止の大義となったのだし、ルーズヴェルトの日系アメリカ人抑留は、軍事的にではないとしても、政治的には反ファシズム戦争を成功に導くためには必要であったことになる。革命はそれ自体、戦争なのであり、資本主義を打倒するためには独裁の時期が、少なくとも市民的自由を一時停止すること――プロレタリアートの民主的独裁か、あるいはこちらの方がありそうだが、プロレタリアートの前衛による非民主的独裁――が必要になるとこうした活動家たちは論ずる。彼らの革命には〔権力の〕抑制と説明責任というリベラルな思想は存在しない。選挙で選ばれた議会は停止されなければならず、議員たちは家に帰らされる。市民的自由を擁護する裁判所は抑圧されるか、彼らの言いなりになる裁判官で埋めつくされなければならない。

ポピュリストの支配者とは異なり、社会主義の前衛は人民や労働者階級をありのままに代表しているなどとは主張しないが、本来、そうあるべき人民と労働者階級を代弁するのだと主張する――その結果、人民と労働者階級は前衛が先導する行進の末尾につくことになる。チェコの小説家ミラン・

クンデラ[1]は社会主義への「大行進」を左派の戯言の古典的形態であると表現した。しかしこの行進は何よりもまず前衛のイデオロギーであり、その独裁は行進がどこに向かっているかを確実に知っているということによって正当化されている。目的地はそこに行くために必要な過酷な規律を正当化する。

前衛世代は、来るべき世代のためにその規律に耐えなければならない。数年前に『ユダヤ人のフロンテイア（*The Jewish Frontier*）』を編集した聡明な評論家であり、リベラルな社会主義者でも、リベラルなナショナリストでもあるハイム・グリーンバーグはこの議論に対して印象的な答えを与えている。彼はそのオリジナル版と思われるもの――聖書に記されているイスラエルの民の出エジプトの物語――を引用しているが、神はその過程で奴隷世代は荒野で死ななければならないとお決めになるのである。ファラオを覚えていない者、自由な人々だけが約束の地に入ることができる。グリーンバーグはこう書いている。将来、社会主義者は「世代全体を犠牲にすることが許されているカナン〔約束の地〕などを信じるには、より謙虚でより懐疑的だろう。……将来世代の幸福は現在の罪人の

（1）ミラン・クンデラ Milan Kundera（1929- ）チェコ出身のフランスの作家。一九八四年に発表された『存在の耐えられない軽さ』（集英社文庫）は世界的ベストセラーとなり映画化もされた。二〇一九年にチェコ国籍を回復した。

犠牲に値しない」。グリーンバーグはまたイタリックでこう記している。「歴史に移行世代なるものは存在しない」。すべての世代はそれ自体が目的であり――私はこれを次の短い格言に翻訳しておきたい。「私なくして社会主義なし」。

リベラルな社会主義者は資本主義の最終的な打倒には厳しい規律処置が必要であることを必ずしも否定するものではない。もし最終目標を信じるのであれば、「さまざまな政党が交互に権力を継承する」ことなどできない――それらの政党のなかには進行を遅らせたり後退させたり、別の方向に進もうとするものもあるからである。前衛は自分たちが他の政党からの挑戦を受けたり、交代させられることを許さない。しかし交代させられることを避け、政敵が権力を継承することを阻止するために必要な抑圧は、リベラルな社会主義者であるわれわれが望む社会主義とは相容れない。それはまた、社会主義への道を進んでいくというわれわれが思う道のりとも相容れない。グリーンバーグが書いているように、われわれは「対立と矛盾」に直面することになることをわきまえており、それは民主的なプロセスを通じて政治的に対等に解決されなければならない。反体制派が殺害されたり、強制収容所に送られたりすることはない――これは「リベラルな」という形容詞が政治的対立のリスクを減じさせるものであることを示すもうひとつの例である。

リベラルにあらざる型の社会主義に共通しているのがもうひとつの種類の抑圧である。それはプロクルステスの寝台としての国家、ラディカルな平等主義体制を維持するために必要な抑圧である。不平等は常に存在し、常に更新されるものであり、あらゆる人間社会の特徴でもある。豪族や支配階級は自然に繁殖するものであり、われわれが人間の本来的平等性を想像しても、それを維持していくことはできない。日曜日に同額の金銭が分配されても、一週間後には不平等に再分配されてしまうものである。個人の知性、体力、機知、活力、人望、運などこれらすべてが経済や社会における不平等を促進する。一貫して、微に入り細を穿った方法で適用される国家の強制力だけが物事を公平に保つことができる。私はそのような権力の行使が民主的に承認されたことがあるとも、何らかの非民主的体制がそれを長期間維持したことがあるとも思っていない。古代イスラエルの政治家たちは五〇年ごと(ヨベルの年)に土地の購入と交換をすべて無効にし、すべての家族が元来、平等であったと思われる元の所有地に戻ることを目論んでいた。しかし彼らはその返還がどのように強制されるのかについては何も語らなかったし、聖書に記されたどの体制もそれを強制する能力はなかった。返還が行われなかったことはほぼ間違いない。

現代世界において、われわれはこの種の平等主義を偽装した変種を知っている——それは毛沢東の中国において、誰もが突然、同じ簡素な制服もどきを着用し始めた(ように見えた)ときである。しかしこの外見上の平等性は共産主義中国における権力、さらには富の大きな不平等を覆い隠していた。さらに憂慮すべきであるのは旧来の特権階級のメンバーを殺害し、あるいは抑圧することによって平等を達成しようとした取り組みである――スターリン時代のロシアの富農に起こったこと、中国の文化大革命時期に「ブルジョワ分子」に対して起こったこと、クメール・ルージュのカンボジアにおいて教養ある専門職にあった人々に起こったことがそれである。これは昔ながらの、リベラルにあらざること間違いない左翼運動の例であるが――同じような例は、はるか昔にシェイクスピアによって描き出された一五世紀のポピュリスト、ジャック・ケイドにパロディー化されている。ケイドは聖職者を指差して群衆に向かってこう言った。「ラテン語をしゃべりやがった、こいつを引っ立てろ」〔小津次郎・大場健治訳「ヘンリー六世　第二部」、『シェイクスピア全集』第五巻、筑摩書房、一九六七年、一二五頁〕。

「リベラルな」という形容詞によって特徴づけられる人々は残忍な弾圧や大量殺戮を非難する。それは事後的になってからのこともあるが、それは（ほとんど）誰しもがそうである。「リベラル派」もまた、旧秩序とその不平等に対する全面攻撃のすべてに反対しているのだと論ずる批判者もいる。「リベラルな」という形容詞は実際のところは「ラディカルではない」ことを意味しているのであって、より良い社会を創造する意志も力もないまま、この社会に安住しているのだと批判するのである。これは冷戦初期のアメリカ自由主義に対する一般的な批判であった。一九五〇年にライオネル・トリリング(2)は『リベラルの創造力（*The Liberal Imagination*）』〔大竹勝訳『文学と精神分析』、評論社、一九五九年）において、「自画自賛のオーラのなかで」暮らしている現代リベラル派を非難した。しかしその数年後、彼自身が同じオーラを身に纏ったのである。「多くの文明において、富がある程度まで精神と想像力の支配に服する傾向を示す時期が訪れる……アメリカにおいてはこの服従の兆候がしばらく前から見られた……知性は、おそらく歴史上かつてないほどに権力と結合し、今やそれ自体が一種の権力であると認められる」。彼もその一人であったリベラルな知識人が、どのような権力を行使しているとトリリングが考えていたのか定かではないが、それが変革力ではなかったことだけは確かである。

しかし「リベラルな」という形容詞が、それが修飾している名詞を必然的に独りよがりや妥協の方向に追いやるものであるとは私は考えない。これと関連するケースには、確かにラディカリズムと結びつき、レオン・トロツキーが「より魅力的な世界」と呼んだものを想像させることを要する名詞が存在する。民主主義者はあらゆる専制的体制、ヒエラルキー的体制、寡頭的体制にラディカルに反対する。彼らが想像するのは自治を行う市民たちからなる世界である。社会主義者は資本制や自由

（2）ライオネル・トリリング Lionel Trilling（1905-1975）　フロイト流の精神分析学を文学研究に融合させ、自我と文化環境の緊張関係を考察する著作が多い。代表作に『〈誠実〉と〈ほんもの〉』（法政大学出版局）がある。

放任経済、リバタリアン的政治、そしてこの三つが共に生み出す抑圧にラディカルに反対する。彼らが想像するのはより平等主義的な社会である。ナショナリストは帝国主義と植民地支配にラディカルに反対する。彼らが想像するのは自由な諸ネーションからなる国際社会である。コミュニタリアンは自分のことしか考えない諸個人からなる社会をラディカルに批判する。彼らが想像するのはコミュニティにおける相互関係の暖かさである。フェミニストは家庭や経済、国家における女性の従属に対してラディカルに批判的である。彼女らが想像するのはジェンダー間の平等を特徴とする社会である。「リベラルな」という形容詞が（少なくとも一部の場合において）「ラディカルでない」ことを意味する宗教団体についてはひとまず横に置いておきたい。その場合でも、政治的には明らかにそのような意味はもたない。「リベラルな」という形容詞が意味するのは——諸個人の権利によって制約されることで——専制的ではないこと、抑圧的ではないこと、残酷ではないことである。それはまた——複数性と差異に対して開かれていることで——全体化的ではないこと、排他的ではないこと、特異的ではないことを意味する。「リベラルな」という形容詞は民主主義、社会主義そしてその他のすべての教説や大義の質と性質に関する政治的闘争へと——リベラル派のわれわれが常に勝利するとはかぎらない闘争へと——必然的にわれわれを差し向けるのである。

全体化せず残酷でもない政治はラディカルではない、あるいはそれほどラディカルではないと信じる人もいるだろう。しかしこうした見解は私には説得力があるとは思えない。「リベラルな」という形容詞が否定的に禁止するものは社会主義的な平等主義の種類や質に影響を与えるが、資本制のヒエラルキーに対する反対を減ずるものではない。平等についての議論はすこし後回しにしたいが、それは明らかに社会主義のヴィジョンにとって中心的なものである。しかし権威と権力の使用と誤用についての議論は社会主義の歴史にとって中心的なものである。

「リベラルな」という形容詞が意味するのは、社会主義社会とは、さまざまな異なる性格や信念、能力を持った、今ここにいる人々の同意があって初めて達成できるものであり、それは民主的に勝ち取られなければならないということである。この闘争はすでにかなり前から始まっており、その途上では、その権利をわれわれが尊重しなければならない反対派とのあいだでこれまでも、これからも妥協が行われるのである。反対者の屍を乗り越えて三歩進むより、二歩進んで一歩下がる方がいい。

殺害された者の屍が多すぎるのである。「リベラルな」という形容詞はリベラルにあらざる左派の残虐行為を思い起こさせる。二〇世紀を通して、社会主義を自称する（そして共産主義に向かって前進していると自称する）体制が右派体制に負けず劣らず凶悪であることが証明された。リベラルな社会主義者は今日、こうした過去を認め、犠牲者を追悼し、権威主義的政治や全体主義的政治のいかなる復活に対しても反対しなければならない。われわれが国家による抑圧や国家によるテロルに反対するとき、われわれは「ブルジョワ的な市民的自由」を擁護しなければならない——たとえ「ブルジョワ的」という形容詞が市民的自由の階級的起源のみを表すものであり、その普遍的価値を否定するものではないと主張していてもである。また、社会主義の前衛やウルトラナショナリズム、あるいはなんらかの他のイデオロギーの名の下でリベラルな民主主義を破壊するために懸命になっている集団に対してまで市民的自由の恩恵を拡大する必要もない。リベラルな民主主義者でありリベラルな社会主義者であるわれわれも同様に、ワイマール共和国の歴史から、「リベラルな」という形容詞が集団的自衛権と一致しなければならないことを学んだのである。

私は長年に渡って、リベラルな社会主義にコミットしている評論家や読者の政治的故郷であった『ディセント（*Dissent*）』という雑誌に寄稿し、またその編集を手伝ってきた。ほとんどの場合、われわれは自分たちのことを民主社会主義者、ないしは社会民主主義者と呼んでいたが、「リベラルな」という形容詞が決定的に重要な意味でわれわれの政治を形作っていた。『ディセント』の創刊者たちは、セクト的政治のドグマティズムと不寛容に違和感を覚えた元トロツキストだった。セクトはおそらく、リベラルにあらざる政治組織の原型である。そのメンバーは政治的敗北や長期にわたって自分たちが社会の周辺存在であり続けてきたことに対して、自分たちの信念を強化し、そのイデオロギーの絶対的正しさと自分たちのコミットメントの実直さをお互いに確認し合うことで対応するのである。初期の『ディセント』関係者たちは、より広い地平、より多元的な政治、長い行進の果てに待ち受ける終点について若干の懐疑の方を選んだ。創刊者の一人であるアーヴィング・ハウはこの終着点について、昔ながらのユダヤ・ジョークを語るのを好んでいた。ある東欧の小都市で、一人の男が町の入り口の外に座り、街の住民たちが長らく待ち望んでいたメシアの到来について何らかの知らせを受けられるよう、見張り役に選ばれた。ある友人が彼に「それはどんな種類の仕事なのか」と尋ねた。彼は「あまり金にはならないけど、地道な仕事だよ」と答えた。リベラルな社会主義は地道な仕事である。

『ディセント』関係者たちは、左派の多くが歴史的必然性と将来における労働者階級の勝利の名の下にソヴィエト体制を擁護し、その罪業を否定したり、それを詫びたりしていた時期に、スターリニズムに敵対していた独立左派だった。『ディセント』の編集者たちは左派の側の反体制派であったが、リベラルの冷戦派たちとぎこちない同盟関係を結ぶこともあった。しかしこの冷戦派たちの一部がマッカーシズムを受け入れたとき（そして、ネオリベラルの冷戦派となったときと言えようが）、『ディセント』関係者たちはブルジョワ的市民的自由の大義に結集し、共産主義を奉ずる教師や俳優、評論家たちを擁護したのである。スターリニズムがもたらした衝撃が彼らのリベラルなコミットメントの最も重要な原因であった。マッカーシズムはそれを示す機会を提供したのである。

ベトナムでの戦争は『ディセント』のリベラルな社会主義者たちに難題を突きつけた。この雑誌の創刊者たちは、ベトナムの共産主義者たちによって殺害されたすべてのトロツキスト活動家、すべての独立左派の人たちの名前を知っていた。彼らはベトコンとその北ベトナム支持者の勝利によってもたらされるであろう残酷さ（それは現実のものとなった）を予見しており、反戦運動に参加することをためらっていた。その運動が成功したあかつきには共産主義が勝利してしまうからである。彼らは第三の道、サイゴンを支配することのできる非共産主義の左派を探し求めたのである――それはあるべき政治的選択肢であったが、存在はしなかった。私は第二世代の『ディセント』関係者であるが、殺害された左派の人の名前を知らなかったし、アメリカの戦争がもたらした残虐行為は、この戦争に負けたときに生じるであろう残虐行為よりもひどいものであると早い段階から信じていた。

このように『ディセント』の編集者や執筆者のあいだには分裂があった。私はこのことを、醜い戦争と残酷な政治のあいだで極めて難しい選択肢に直面しているリベラルな社会主義者（そしてリベラルな民主主義者）のあいだに生じた名誉ある分裂であると受け止めた。私はアメリカの戦争に反対することがまず第一だと論じはしたが、共産主義の勝利を望んで戦争に反対し、あらゆるデモでベトコンの旗を掲げていた左派の連中と私の関係は拷問のようで長続きしなかった。彼らはリベラルにあらざる左派であり、自分たちの政治にあまりにも確信を持っており、その結末にほとんど懸念を有していなかった。長い目で見れば殺害された同志たちの名前を覚えている古参の『ディセント』関係者の方が私には好ましかった。

これが私の政治である。私はスターリニストとトロツキストのあいだのイデオロギー闘争を経験することもなく、またセクト主義の偏狭さにいらだつこともなくそれを継承した。しかしリベラルにあらざる左派への反感から、私は左派が多元的に成立する余地があると思うようになったのである。

数年後、創刊者たちが去り、ミッチェル・コーエンと私が共同編集者となったとき、『ディセント』関係者は今一度、戦争によって分裂した——二〇〇三年にイラク侵攻が差し迫っていたのである。左派国際主義の名のもとに戦争を擁護する者もいた。残忍な権威主義体制の打倒は右翼政権を持つ国の武力行使をも正当化したが、それは軍事的成功のあとに何が起こるか不確実であるという条件下ですらそうであった。これは確かに昔ながらの左派の立場だった。ポーランドを共産主義化するために赤軍がワルシャワに行軍したときと同じように、今度はイラクを民主化するためにアメリカ軍がバグダッドに行軍したのである。戦争を支持したネオコンのなかには元トロツキストもいた。彼らはおそらく、記憶にすがってそうしたのだろう。それに加わった『ディセント』関係者は一時的にではあるが不安から、同誌に寄稿したイラクからの亡命者カナン・マキヤ(3)の先導に従った。マキヤは民主的なイラクを作り出す可能性が一〇パーセントあるかぎり戦争をやる価値があると主張したのである。

(3) カナン・マキヤ Kanan Makiya (1949-) バグダット出身で一九六七年に家業でもあった建築を学ぶためマサチューセッツ工科大学に入学するもその後は学者兼作家に転身して以来、二〇〇〇年代までアメリカに留まる。二〇〇三年、アメリカ政府にイラク侵攻を働きかけ、戦後は一時期、イラク暫定統治評議会の顧問となるが、その後アメリカに戻り、ブランダイス大学で中東研究の教授を務める。

われわれの大部分はジョン・スチュアート・ミルによって最初に明言されたリベラルな古典的教説である非干渉主義を訴えたが、これは私自身の立場でもあった。権威主義体制の打倒はその国民の手によるものでなければならないという教説がそれである。リベラル派や左派は政治的支援や精神的支援で彼らを助け、ボランティアとして闘争に参加する個人もいたが、外国の軍隊は民主的政府を樹立し維持することなどできそうにないのだから、関わるべきではない。

侵攻が始まる数ヶ月前にわれわれは戦争を支持する記事と戦争に反対する記事を掲載したが、それがためにリベラルにあらざる社会主義者だと私がみなす人々から厳しく批判された。彼らは戦争支持者を今こそこの雑誌から追放し、編集委員から外すか、あるいは少なくとも辞任を促すべき時だと考えたのである。われわれはそれを受け入れなかった。私は、この要求は異なる意見を持った同志たちへの憎しみに満ちた応答だと思った。その代わりにわれわれが行ったのは、意見の相違があったにもかかわらず手を取り合い、戦後も占領中も、お互いに議論を続けることであった。

戦争反対派の多くは侵攻後に起こった騒乱と宗派間の流血こそ、自分たちが正しかったことの証明であると主張した——そしてそれはおそらく正しかった。しかし彼らはさらに、イラクやその他のあらゆる地域から、アメリカが即時に撤退することを求めた。——そしてそれは正しくなかった。終戦後を描き出した注目すべき小説（『縄（*The Rope*）』（2016）のなかでカナン・マキヤはアメリカの侵攻はサダム・フセインを打倒することによってイラクの人民にまともな政権を作る機会を与えたのだと論じた（これはそのたぐいの小説だったのである）。実際はそうではなく、シーア派の指導者たちは復讐と支配を優先し、それゆえに騒乱と宗派間戦争が起こったのである。マキヤの説明は侵攻した場合に常に生じうる結果、しかも高い確率で起こりうる結果に対するアメリカの責任を減じるものであったが、しかしそれは部分的に減じたにすぎない。その後アメリカはイラクのスンニ派とシーア派の戦争を防ぐことができず、勝利と呼べるようなものは何も期待することができないまま、巻き込まれていってしまった。

しかしイラクからの退去には軍事面だけでなく、道徳的にも複雑な事情があった。『ディセント』側では『退去（*Getting Out*）』（2009）というタイトルの書物を作ったが、それにはイギリスのアメリカ植民地やインドからの退去、フランスのアルジェリアからの撤退、アメリカのフィリピンからの撤退、イスラエルのガザからの撤退を扱った章があり、これらすべてはアメリカのイラクからの退去を考えるのに役立つものだった。この書物のなかでわれわれは植民地化と帝国主義の結果として生じる責任があるし、正しい戦争と不正な戦争の結果として生じる責任があると論じた。イラクにおいて、占領下で働いた人々や協力者だけでなく、民主主義者、労働組合員、フェミニストであることをアメリカに隠れてカミングアウトした人々を守る責任がわれわれにあった。ここでいう「われわれ」とはアメリカ人のことであるが、アメリカの社会主義者であるわれわれには間違いなく、自分たちが多大のリスクを冒してまで人権を擁護していたイラクの同志たちを守る特別な義務があった。彼らのうちのフェミニストには二〇一一年の米軍の撤退に反対する者もいた。スンニ派とシーア派の民兵の兵力を考慮すれば、米軍の撤退は彼女らにとって死刑宣告も同然であった。われわれ（小規模な方の「われわれ」）は何をすべきだったのか。リベラルな社会主義者は答えに窮した。あらゆる場所からのアメリカの退去を一途に求める要求は正解とはなりえないからである。

イラク侵攻を支持した左派を左派陣営から排除せよという要求は、時として左派を苦しめるモラル・パニックの一例、しかも些細な一例にすぎない。イデオロギー的異端を非難され、あるいは政治的な不誠実さや、ラディカルさが足りないと非難された人々が、その時々の「覚醒した」左派陣営から締め出されるような時代を、われわれは折に触れて経験している。あるいは彼らには自分たちの悪行を告白し、卑屈にも自分たちの誤った見解を否定することが求められる。時には勇敢にもこのどちらをも拒絶する人たちもいる。彼らは世俗の罪人に等しい者として、一七世紀のピューリタンたちが姦通を犯した人、あるいは劇場に通った人を扱ったのとほぼ同じように扱われるのだ。

同胞市民が階級の敵を儀式として糾弾した中国の文化大革命での「闘争集会」はこの左派の苦悩の極端な例を示している。非難することを要求された市民たちはもし「闘争」に参加しなければ自分たちがそのターゲットにされるかもしれないことを知っていたから、それだけ参加には熱烈だった。幸いなことにアメリカの例はそれほど激烈なものではなく、賭け金はずっと低かった。しかし私は語り直しておく価値のある出来事を覚えている。「アメリカ民主社会主義者（Democratic Socialists of America：DSA）」が復活した当初、二〇一六年とその直後のことであるが、自分たちのコミットメントを証明することに熱心な多くの新しい（そして非常に若い）社会主義者がこの組織に参加したとき、最近選出されたこの組織の国家政治委員会（National Political Committee：NPC）のメンバーの一人がずっと以前に警察労働組合を組織する取り組みに関与していたことが明らかとなった。この男（DFと呼ぶことにする）は古参の活動家で、DSAが弱小団体であったころの主力であり、バーニー・サンダースの大統領選挙活動に携わったことがあった。言い換えれば、彼は同志だった。より左に属する組合であったアメリカ通信産業労働組合がその昔、彼に対して警察の組織化を試みてほしいと依頼し、彼はそれを実行してある程度の成功を収めた。このことが暴露されたことへの反応は（組合活動をしていたことは選挙前からよく知られていたと彼は主張したが）NPCから彼を除名せよとの要求の殺到であった。警察は国民の敵であり、DFは事実上、その一人とされた。数年後に私は彼の名前をグーグル検索してみて、DSAの多くの支部がほぼ同じ言葉遣いで彼を非難する決議をしていることを発見した。それはあたかもDSAが彼の存在そのものによって道徳的に汚染されており、彼を追放するキャンペーンに馳せ参じなければ自分たちも汚染されることになるとメンバーたちが感じているようであった。彼はNPCから追放され、DSA内でほぼ孤立状態だった。後悔した過去の出来事を思い出したのだろうか、彼を擁護したのは古参の者たちだけだった。

「リベラルな」という形容詞は――イニャツィオ・シローネが[4]「同志の選択」と呼んだものに関して、闘争の戦略と戦術に関して、どの妥協が必要で、どの妥協が「不純」であるのかに関して――社会主義者が自分たちのなかにあって異なった意見を持つ余地がなければならないことを意味する。してみると社会主義者の政治には多くのヴァージョンがあり、リベラルな民主主義の枠組みのなかで、さまざまな種類の政党、労働組合、雑誌がそのメンバー（購読者も含めて）と影響力を獲得すべく競い合っていることを期待すべきであろう。競争は継続されよう。というのも、最終的には「リベラルな」ということは次の事を意味するからである。「社会主義はいつの日か完全に実現される静的で抽象的な理想ではない」（これもロッセッリの言葉だ）からであり、またそれは国内での闘争によって実現されるものでも、間違いなく外国からの武力によって実現されるものでもないからである。われわれを取り巻く世界は変化する。古い不平等に代わって新たな不平等が立ち現れるが、われわれは議論をやめない。メシアなど出現せず、革命は先送りされる。あるいはわれわれは自分たちではコントロールできない革命を生き抜き、独裁とテロに対する新たな戦いに突入する。社会主義は地道な仕事なのだ。

エドゥアルト・ベルンシュタイン[5]がはるか以前に示唆したように、運動はその終着点よりも重要である。あるいはロッセッリが書いたように、「終着点は現在のわれわれの行為のなかに息づいている」。他に然るべき場所などないのだから、そこに息づくのが良かろう。「リベラルな」という形容詞は物事を実際に終わらせてしまうことを嫌う。

多くの社会主義者たちはこうした終着点への到達がもたらすものを過大に約束する。彼らは女性に語ってより有名になった同じセリフ——社会主義革命の成功はあらゆる抑圧の終焉を意味する——をエスニックな少数派や、宗教的少数派、人種的少数派に語ったのである。労働者階級の勝利は、同時に普遍的な解放である。ドイツ社会民主党の指導者であったアウグスト・ベーベルは次のように書いていた。「階級支配は永遠に終わりを迎え、それと共に男性の女性に対する支配も終わる」。そうなると、社会的差別や経済的差別に対するいかなる政治闘争も、ないしは——女性のあるいは、ユダヤ

(4) イニャツィオ・シローネ Ignszio Silone (1900-1978)　イタリアの小説家・政治家。グラムシの影響を受けて一九二一年にイタリア共産党の結成に参加するも、三一年、スターリンを批判して共産党から除名され、スイスでの亡命生活を送るが、大戦後はイタリアに戻り、冷戦下においては東西の文化人の対話を促したり、作家の自由、政治的独立を守るなどの活動に尽力した。

(5) エドゥアルト・ベルンシュタイン Eduard Bernstein (1850-1932)　ドイツ社会民主党右派の指導者で、革命ではなく議会政治による社会主義の漸進的実現を目指す「修正主義」の理論を展開し、カール・カウツキーとのあいだで「修正主義論争」を繰り広げた。

人の、黒人の、ポーランド人の、スロバキア人の――政治的従属も労働者階級の一般的で極めて重要な闘争を損なうことになってしまおう。革命のエネルギーは、周辺的な形態の抑圧に対して向けられた局所的な政治活動に消散してしまうべきなのではなく、それ〔階級闘争〕に一点集中されるべきなのだ。

しかしベーベルはこの今述べた格言を受け入れていないと思われる。彼がその著『女性と社会主義（*Women and Socialism*）』（1879）のなかで、女性の地位が文明の水準を規定すると書いたとき、異なる時代と場所で異なる文明水準を示すと思われる決定的に重要な原理を提示した。（この著作はアメリカでは『社会主義下での女性（*Women under Socialism*）』というタイトルで、ダニエル・デレオンの訳で出版されたが、デレオンはベーベルの一夫一婦制批判を糾弾した。デレオンが考えるに、一夫一婦制はそれが純粋な形で実現されれば最高レベルの文明を体現したものである。）女性の地位の中心性に鑑みるなら、フェミニストの政治的活動は階級闘争の状況がどうであれ、価値のあるものであるに違いない。ベーベルはおそらくこのことを信じていたろう。いずれにせよ、彼は一八六五年の全ドイツ女性協会――社会主義者や労働者階級の規律に服することのない団体――の創立を支持していた。

ベーベルがリベラルな社会主義者であったとは私は思っていない。彼はベルンシュタインの修正主義を採用はしなかったし、また彼は終着点への到着に敵対していなかった（あるいはそれに懐疑的でもなかった）のも確かである。しかし彼が独立したフェミニズムを支持していた限り、リベラルな社会主義者の政治がどのようなものであるべきかを彼は示唆していた。また「反ユダヤ主義は愚か者の社会主義である」との主張はベーベルに帰せしめられている――これはおそらく間違いだが、ここではそれはどうでもよい。この路線は反ユダヤ主義との今、ここでの闘いを必要とするものになろう。その闘いなしには社会主義の勝利は愚か者の勝利に転じてしまうことになろう。

現代の社会主義者たちは、社会主義教義の古くからあるこのような倒錯が再び現れるのを目にした。それはジェレミー・コービンがイギリス労働党の党首として君臨した（ありがたいことに）短い時期のことである。コービンが用意した隠れ蓑のもとで、党の極左である多数の彼の支持者が、自分たちのイスラエルに対する憎悪と「第三世界主義」を躊躇なくあからさまな反ユダヤ主義に転化してしまったのである。この転化がどの程度のものであったか、党の忠実なメンバーであったアラン・ジョンソンによって二〇一九年に労働党に提出された非公式の報告書に丁寧に記録されているが、そこで彼が展開した議論は後に政府が資金援助を行った公式の研究で全面的に確証されている。コービンが党首だった時期に最も心が苛立つのは、反ユダヤ主義を忌み嫌うと言っていたはずの左派の多くの者たちが反ユダヤ主義を非難することに極端に消極的であったことである。彼らはコービンの左派的政策がユダヤ人憎悪のような些細なことで批判されてしまうにはあまりに重要であると考えていたと思われる。彼らはまた、この政策の成功がこの憎悪だけでなくそれ以外のすべての種類の憎悪に終止符を打つだろうと信じていたに違いない。彼らは終わらせ方について、十分に懐疑的ではなかったのである。

ロッセッリによれば社会主義者は「貧者と虐げられし者の大義に対する……積極的な愛着」によって定義される。この愛着はそれ自体、包括的な教義によって定義されうるものではない。それは知者たちからなる前衛に採用され、強化されうるような単一の正しいイデオロギー的立場で表現されることはないのである。ロッセッリは言う。「何世紀にもわたって発展させられてきた運動、否応なくポリフォニックな運動を抑え込もうとすることから、所与の哲学的信条が生まれるとすれば悲しい」。長年にわたってそのようなことをやろうとしてきたことに、われわれは確かに甚だしい悲しみを覚える。リベラルな社会主義者なら自分たちがコミットしている信条に対してさえ懐疑的になるだろう。すべてのリベラルなコミットメントには多少なりとものアイロニーが内在しているのだ。

こうした信条のなかでも中心的なのは平等に対するコミットメントである。貧困の克服がそれであり、それは貧者自身の手によるものでも、労働運動や社会主義政党に組織された労働者の人々の手によるものでもある。目標は抑圧の終焉であり、今日、われわれが知っている険しいヒエラルキーを伴った社会からあらゆる種類の服従と屈辱が払い除けられた社会を創り出すことである。一九九〇年代に書かれた著作のなかでイタリアの社会主義者ノルベルト・ボッビオ(6)（彼はカルロ・ロッセッリの直系である）は次のように論じていた。平等は「秩序だった、公正で幸福なコミュニティの最高の……

理想」である。しかしボッビオは自らのリベラルな社会主義に則って、自分はすべての人が万事において平等であるべきだと信じるような「平等絶対主義者」ではないとも主張している（『左と右（*Left and Right: The Significance of a Political Distinction*）』〔片桐薫・片桐圭子訳『右と左——政治的区別の理由と意味』、御茶の水書房、一九九八年、八九頁以降〕）。平等とは絶対的な理想ではなく、相対的な理想なのだ。われわれはそれが何を意味するのか議論しなければならない。どれほどの平等が必要か。それはどんな方法で達成されるのか。それはどの社会的財と関連しているのか。

リベラルな社会主義者は「平等絶対主義者」ではないが、彼らは平等ということに関して真剣である——概してリベラルな民主主義者よりもそうである。社会主義者や社会民主主義者は、たとえマルクス主義者ではなくなったとしても、特定の形態の不平等が長年の慣習や制度にどのように組み入れられているのかを容易に見抜くことができる。特に人種的不平等は「構造的」であるが、それが意味するのは、それが個人や集団の偏見といったレベルでのみ存在するのではなく、皮膚の色に無頓着であったり、人種的に中立的であることによっては終わらせることができないということである。優

（6）ノルベルト・ボッビオ Norberto Bobbio（1909-2004）　イタリアの社会主義思想家。マルクス主義に多くみられる反民主主義・権威主義を批判し、七〇年代にイタリア共産党とキリスト教民主党のあいだで結ばれた「歴史的妥協」を熱烈に支持した。

れて社会民主主義的政策であるアファーマティブ・アクションが有用なのだ。しかしそれは教育、住居、雇用における長期的変革を伴うものでなければならない。アファーマティブ・アクション、それだけでは資本主義社会のヒエラルキー的性格は変わらない。それは一部の人々の地位を押し上げるだけで、より擁護するにたるヒエラルキーを作り出すが、それはまだ公正な社会ではない。

公正な社会――平等主義的だが平等絶対主義的ではない公正な社会――とはどのようなものだろうか。その根底にある問題は別の定式化をするのが一番かもしれない。すなわち、どの程度まで不平等は公正な社会のビジョンと両立するかという定式化がそれである。人間はひとそれぞれ異なっており、その差異を抑圧することを拒否しても、つまりプロクルステスの寝台を拒否しても、社会生活のすべての領域における業績や相対的地位の更なる差異が生み出されることになるだろう。それは、その差異が階級的なものでも、人種的なものでなくなったとしてもそうである。そこでこれらの差異が資本主義に対するわれわれの批判のなかでどのように作用するかを考えてみよう。そこで主流マスコミで最初に語られ、その後左派のあいだで違った風に語り直されたストーリーから始めてみたい。

パンデミックの発生可能性を予想し、それを想定して、オバマ政権は安価でポータブルな人工呼吸器を製造する小企業（創業間もないか、新興と思われる）と契約を結んだ。これに対して、大きくて重く、高価な人工呼吸器を製造していたある大企業は、競争を恐れて、この小企業を買収し、安価でポータブルな人工呼吸器の製造を中止させ、採算が合わないと主張して政府との契約を解除した。政府当局者は両者の合併を承認したが、それがどのような帰結を伴うことになるのか疑うことはなかった。

ここまでは略奪型資本主義、利潤追求型の経済行動、自由放任国家のストーリーである——実際にそう語られていたし、今でもそうである。しかしこのストーリを語り直す誰も、これが小企業とそのポータブル人工呼吸器が体現しているアントレプレナー企業の価値に関するストーリーでもあることに気づいてはいなかったように思われる。この場合、アントレプレナーは株を売り払い、金銭を手にして、立ち去ったわけだが——これは資本主義社会では標準的な経済行動である。彼らは公益〔共通善〕のために自分たちの人工呼吸器を製造し続けることに固執しなかったのである。しかし、合併した企業がオバマ政権時になされた契約にもとづいて人工呼吸器を納入するようその企業に確約させなければならなかったのは政府当局者なのである。彼らは公益〔共通善〕に奉仕し損なった人々である。それでも、たとえ彼らが社会民主主義にコミットしていたとしても、人工呼吸器を自分たちで製造することなどできはしなかった。

アントレプレナーは必要である。しかし彼らは必ずしも慈善家なのではない。彼らは大量のガラクタを製造、販売しているが——あのポータブル人工呼吸器のようなものも作っている。われわれは彼らに自分たちが何をするかを決める余地が残されている、個人のイノベーションとリスクテイクのための余地が彼らに残されているということを確認する必要がある。そこにはモチベーションがなければならないし、それにはまた金銭だけではなく、名誉や名声も含まれる。これはリベラルな社会主義平等絶対主義者に対する侮辱などではない。私も承知しているところであるが、ポータブル人工呼吸器を販売しているアントレプレナーが私よりも多くの収入を得て、私よりも有名であるとしてもである。社会主義国家はオーウェルが『ライオンと一角獣（*The Lion and the Unicorn*）』（1941）〔川端康雄訳『オーウェル評論集4』、平凡社ライブラリー、二〇〇九年〕で書いているように「小規模の土地所有」〔九二頁〕に介入すべきではない。

所得の（課税政策で定められた真っ当な範囲内での）格差は、他人の金銭があなたや私に対する権力に変換されない限り擁護可能である。そこで鍵となるのが、何が金銭で買えて、何が買うことができないかという交換可能性である。今日、アメリカではほとんど何でも買うことができるが、それは必ずしもわれわれ自身が用いている万能なドルの特徴でさえない。売り買いを禁止されるべきものもあれば、無害なものもある。もし成功したアントレプレナーが私より高価な休暇を楽しむ金銭的余裕があれば、もし彼らが私よりも稀少本の初版を収集することができれば、もし彼らが最新のファッションを購入し、私がどうしようもなくダサければ――こうしたことすべては公正な社会と矛盾しない。しかしもし彼らが私には利用できない医療ケアを金銭で手にすることができるなら、もし彼らが私が得られない民事訴訟や刑事訴訟での法的代理人を得ることができるなら、もし彼らが私が持たない政府機関への影響力を持つとするならば、——それは不公正である。後者の例は重要な経済的不平等を明らかにしており、それは現在のところ、われわれが抱えている不平等である。

私が所有しているよりも多くの金銭を持っていることは犯罪ではない。またその金銭でショッピングに出かけることも犯罪ではない——ある種のものを販売することが禁止されていない限りは。人間を買いに、裁判官を買いに、上院議員を買いに、あるいは（私の願うところだが）銃を買いに、あるいは専門家によってその安全性がチェックされていない機械を買いに、発火性のパジャマや汚染された食糧を買いに行くことはできないはずである。市場は規制されなければならない。しかし私は、あたかもショッピングそのものや美しいものを求める願望を何か悪いことであるかのようにあげつらう左派による消費社会批判に理解を示したことは一度もない。ショッピングは人間の一般的行為のひとつであり、古代ギリシアやバビロニアでも広く無害なものとされていた。中東のスーク(7)は買い物客のパラダイスであり、その多くが「消費者」という呼称を潔しとしない欧米人ツーリストがその素晴らしさを楽しんでいる。

（7）スーク　ウォルツァーは shuk（souk）と綴っているが souq が正しい。もともとは市場を意味するアラビア語だが、現在のアラブ世界では小さな店が軒を連ねる伝統的な大規模商業空間を指す。ドバイの三大スークが有名。

労働組合がアメリカの工業街に誕生し、労働者が突如として以前よりはるかに多くの金銭を手にしたとき、彼らは消費者となった。私が住んでいる町の商人たちが報告することによると、彼らが最初に買ったのは洗濯機（もちろん、妻のためである）であった。しかしその後、彼らのショッピングの幅は広がった。私の父は宝石店を経営していたが、一六歳になった娘のためにネックレスやブレスレットを買いに来た鉄鋼労働者家族のことを話してくれたことがある――彼らは誇り高き買い物客だった。これは組織化された左派の成果のひとつであるのに、左派の多くはそれを評価していない。

われわれは政治権力についても、金銭の使い方と同じように考えるべきである。民主的選挙は権力を不平等に分配する方法である。そこには勝者と敗者がいるだけではない。われわれの大部分は、候補者ですらない。しかし、繰り返すが、これは不公正ではない。権力が制限されている限り、それは一般的な平等を脅かすものではない――つまり、一般市民に与えられていない特権に変えることはできないのである。経済力の行使に制限がかけられているように政治力の使用にも制限がかけられればならない。このふたつは連動するのである。富裕層の人々は民事訴訟での勝訴を金銭で買ってはならない。裁判官は賄賂を受け取って腐敗した判決を下してはならない。選挙で選ばれた公職者は無資格な親族を行政職に任命したり、自分たちの規制の対象となっている企業に投資したりしてはならない。

かつてのソ連は政治権力が根本的に制限されていなかった国である。共産党員は、一般市民が想像すらできないあらゆる種類の恩恵を享受していた。今日のアメリカは経済力があまりにも制限されることのない国である。選挙資金を規制する試みがほとんど失敗に終わったことは、その規制自身を骨抜きにし、ひいては選挙結果に影響を与える金銭の力を示唆している。より一般的に言えば、アメリカ人ははるか昔にウィリアム・シェイクスピアが述べたように、金銭の役割を抑制し損なったのである。それは何でも屋の売春斡旋人である。すべてが売り物になっている。

今日、われわれが「能力主義」と呼んでいるものも同じである。有能な人々に公務員や大学、ないしは病院の職を与えることは、——金銭や権力、あるいは人種やジェンダーによって歪められていない人選がそこでは前提とされている限りは——平等という観点から何の問題もない。そしてこれらの人々は、例えば自分たちの才能がよりよい統治のためになると主張して、政治的役職を求めて選挙運動をすることができる。その主張に聞くべきものがあるかどうか、有権者に判断させようではないか。しかしジョン・スチュアート・ミルの提案のように、大学の学位を持っている人に、彼らが学んだことによって彼らが政治的に賢明になったという理由で二倍の投票権を与えるなどというようなことを考えるべきではない。そんなことはないからである。高学歴で学識は高いが、政治的に愚かな人物を何人も私は知っている。学識のある人々はその学問が関連している分野では尊敬されるべきであるが、それ以外の分野では違う。

公務員試験は、富や家柄、党への忠誠心、あるいは白人であること（または男性であること）によってではなく、その人物を公的信頼に値する地位につけるのは資格によってであるということを確実なものにするために考案された。試験は、その受験者が任命された場合に従事しなければならない仕事に密接に関連したものでなければならない。われわれは古代中国の慣行に従って、例えば古典教養知識のテストで高得点をとったからという理由でその人物を社会保障局の仕事に任命することなどない。重要なのは知的教養ではなく、技術的能力である。そしてひとたびその人物が、彼ないしは彼女の能力を認められ、就任したならば、シェイクスピアが言うところの「役職の傲慢さ」に気をつけなければならない。公職は決して、その役職上の仕事と無関係の権威や特権を生み出すことに繋がるものであってはならない。

公職の仕事はしばしば重要であるが、それが首尾よくなされた場合、富と権力ではないにしても、敬意と称賛で報われるべきである。リベラルな民主主義者を扱った章で、われわれの社会において重要な役職に就いている人々として教師を挙げておいたが、彼らは十分に尊敬されていない――それはおそらく、彼らが子どもたちを相手にして自分たちの人生をすごしているが、そのほとんどの子どもたちが何らかの高い能力主義的地位につくことがないからであろう。しかしだからこそ教師が重要なのである。彼らは民主主義的平等の担い手であり、自分たちの生徒全員の価値を認め、またお互いの価値を認め合うよう教えている。彼らは市民を生み出し、生徒全員の努力を奨励し、その成果を誉める、そういう活動をしている。彼らはあらゆる形態の長所を探し求める。彼ら自身が資格を持ったプロであり、彼らはまた、その仕事に勤しんでいるかぎり、自覚していようといまいと、リベラルな社会主義者なのである。

このように、リベラルな社会主義の下では金持ちはありとあらゆる商品のなかから選ぶことができる。彼らは正当に購入できるものは何でも購入してそれを享受することができる――それ以上でも以下でもない。権力者は公益〔共通善〕に関して決定を下す喜びを味わえるが、自分自身や親族を利するものに関してではない――自分たちが民主的な説明責任を負っていることを常にわきまえながらである。そして能力を持った人はその才能を発揮することができるすべての分野で自分たちの才能行使を楽しむことができるが、それ以上でも以下でもない。

一九八〇年代から九〇年代にかけて『ディセント』は市場社会主義を擁護するいくつかの論説を掲載した。その擁護のほとんどがプラグマティックな用語で表現されたものだった。これは、スコットランドの経済学者、アレク・ノーヴ(8)が一九八五年に書いていたように、「実現可能な社会主義」だっ

(8) アレク・ノーヴ Alec Nove (1915-1994) ロシア革命後家族に連れられてイギリスに移住して国籍を変更

た。それは政治的に実現可能であり、(それに付け加えておきたいが、道徳的に望ましいものでもある)。それが需要と供給を調整する市場の価値を認め、それによって中央集権的国家計画の全体化傾向を回避することができるからである。それは政治権力に制限を課すリベラルな社会主義であり、経済権力が同様に制限される多元的経済についても描き出すものである。

市場社会主義者は、企業、会社、ビジネスの組み合わせを思い描く。そこには様々なレベル(国家であれ、市町村であれ)で組織化され、様々な方法で運営された社会化された産業があるだろう。投資家だけでなく、労働者代表と消費者代表も取締役に就くだろうし、なかには政府に任命されて強力な労働組合を相手にする取締役に就く者もいる。

そこには労働者が所有する会社もあるだろうし、その会社の集団的自己決定は異なった市場成果を生み出すことだろう。効率的に運営されるものもあれば、そうでないものもあろう。生産性よりも生活の質を選ぶものもあるだろうし、利益を新テクノロジーに投資するものもあれば、デイケアや労働者の子どものための保育園に投資するものもある。オーナーでもある労働者は今日の私企業オーナーと同じように、最終的には異なった収入を得るだろうが、労働者オーナーがまた、集団的意思決定に関与しない従業員よりもはるかに大きな自尊心を持つことになるかなりの証拠がある。そしてもちろん、誰もが強力な福祉国家によって保護されている。

最後に、個人オーナーのビジネスがあるだろう――アントレプレナーの活動によって作り出された製品（安価な人工呼吸器を思い出してほしい）――が、資本主義（また前資本主義）経済においてそうであるように、それが成功することもあれば失敗に終わることもある。社会主義的なセーフティネットがあれば、失敗の危険は、今日のそれよりも低くなるだろうが、それでもリスクはつきものであろう。個々のアントレプレナーは自分自身で、危険を求めるのも、避けるのも自由である。イギリスの社会主義者R・H・トーニー(9)は次のように書いていた。リスクは「もしそれが自発的に引き受けられたものであれば、そこではありうべき利益と損失のバランスがとられており、その成功に自分の頭脳と性格が賭けられているのだから、リスクはすがすがしい」。これとは対照的に、資本主義社会では企業が成功しても労働者はほとんど何も、あるいはまったく得るものはないが、企業が成功しなければ「失敗の苦しみ」を確実に背負い込むことになる――一方成功した企業の「利益」はオーナーの富を増やすだけでなく、政治権力や社会的特権に変換されうる。リベラルな社会主義社会におけるアントレプレナーの活動の成功は、それほど多くの帰結を伴うものではないだろうが、それでもリスクはつきものであろう。経済的冒険（そしてその他の冒険）に水を差すのは悲しむべき社会主義であ

し、ソ連経済史を専門とすることになるスコットランドの経済学者。

（9）リチャード・ヘンリー・トーニー Richard Henry Tawney（1880-1962） イギリスの経済史家・キリスト教社会主義者。財産権を絶対視する傾向にある経済史の通説を拒否し、社会への奉仕を重視する『宗教と資本主義の興隆』（岩波文庫）が代表作。

る。
リベラルな社会主義は五カ年計画や画一性の強要、個人のイニシアティブのための余地を閉め出してしまうこととは無関係である。そうではなく、目標は多元化された経済とより協働的な社会であり、そこでは市民はお互いのことを認め合い、お互いが対等な者として関わり合うことができるのである。私が一九八三年に『正義の諸領野』〔山口晃訳『正義の領分――多元性と平等の擁護』、紀伊國屋書店、一九九九年、八頁〕で書いたように、「これは平等という言葉によって名付けられた生き生きとした希望であり、そこには屈服と引きずり落とし、へつらいとおべっか、恐怖のわななきも、傲慢さもない。主人もいなければ奴隷もいない」のである。そして傲慢な人々は常に存在するものなのだから、リベラルな社会主義社会に到達する唯一の道は、そこに到達しようとし続けることである。

気候変動の破滅的可能性は、果たして活動し続けることができるのかわれわれを不安にさせるだろう。温暖化、海面上昇、嵐の激化、森林焼失、農耕地の砂漠化――われわれは未曾有の危険に直面している。これらの現象はわれわれ自身の活動の結果であり、その多くは、われわれの生活をより良いものに、より安楽で、より快適なものにすることを狙って、善意の人々によって計画されたものである。今や難局が差し迫っている。誰もが〔ほぼ全員が〕緊急に行動することが必要であることを知っているのだが、誰もが緊急に行動することを恐れている。今や既得権益だけでなく、現代のあらゆる利便性とともに、一般市民の職場や家庭も危険にさらされている。

この危機に対処するには世界政府が必要であると主張する人は多い。しかし世界政府など実現の見通しはない。必要な決定は既存の主権国家の世界でなされるか、あるいはなされないかである。気候変動に関する決定的に重要な闘争が現在行われているのは、これらの主権国家においてである。どこかでその闘争の勝利が勝ち取られたなどと私は言うことができない。これまでのところ、記録が示しているのは、嘆かわしいほどに不十分であるが、最も良い反応はリベラルな民主政か社会民主政をとっている国（あるいは過去に社会民主政をとる政府によってとられた規制の伝統を持つ国）の政府によるものである。強力な、民主的説明責任を負った国家こそが環境活動への取り組みに最も適した担い手だと思われる。民間企業や法人の意思決定ではダメである。インセンティブが違うのである。実際、社会民主的政府が規制や課税、罰金、補助金などで介入しない限り、大規模に二酸化炭素を排出する活動を行なっている企業にインセンティブなどまったくないのだ。しかし国家だけでは、説明責任が発生せず、東欧やソ連の権威主義的な社会主義政府の経験から分かるように、危機に対処できないだろう。また資本主義の虜となっている脆弱な国家は必要な手を打てない。アメリカの近年の歴史はそれを十分に証明している。

単なる予測にとどまらず、現在の危機に直面するというピンチの時に、われわれは権威主義的支配者に頼ることになるかもしれない。彼は既得権益に反して行動し、民主的反対を含むあらゆる反対を押し退け、自然の復讐という壊滅的破壊からわれわれを、あるいはもっとありそうなことだが、われわれの一部を救うことができる、そういう支配者なのだ。しかしわれわれがそうなる前に救われたいのなら、強力な規制権限を持った民主的国家を探し求めるべきである。そうした国家はその規制権限を使うことに慣れてはいるが、それがどのように使われるのか、公的説明責任を負う。石炭や石油ではなく太陽光と風力をエネルギー源とする経済への移行には困難が伴うだろうし、現在、石炭や石油を生産したり、それに依存している産業で雇用されている労働者はもっとも厳しい困難に見舞われるだろう。国民に信用されており、目に見える形で福祉にコミットして、国民の不満に答えようとしている政府だけが、残忍な強制なしにこの移行に対処することができる。代替燃料やインフラ全般への大胆な投資をわれわれは必要とするだろうが、それはどこか他の場所に避難した人々に仕事と安心感を提供するだけでなく、新しく手にする職種に応じた再トレーニングプログラムや、移行期に生じがちなあらゆる困難に対応できる福祉制度を提供するために必要なのである。

アントレプレナーによるイノベーションと国家による計画、経済の変化と労働者階級の幸福、犠牲と社会的平等、気候変動と個人の自由、これらを両立させること――これらのいずれもが容易ではない。成功は安定したものではないだろうし、あらゆる点で公正さが保たれるわけでもない。しかしリベラルな――つまり制約を受け、多元的な――形をとったデモクラシーと社会主義は危険に向き合うための最良の希望を保持しているように思われる。

もうひとつ、さらなる議論が存在している。近年の政治との関わり方が示しているように、リベラルな民主主義者とリベラルな社会主義者は、リベラルにあらざる彼らの敵対者たちよりもはるかに近代科学の「地道な作業」を信じている可能性が高い。そしておそらく、われわれは気候変動に民主的かつ合理的に対処する必要性によって社会正義に向けた長い道のりを先に進むことになるだろう。これもまた地道な作業である。

第四章　リベラルなナショナリストとリベラルな国際主義者

ナショナリストとは自国の利害を最優先する人々である。リベラルなナショナリストはそこまでは同じだが、他の人々も同じことをする権利があることを認める人々である――そしてすべての「最優先」はお互いに協調可能であると主張する人々である。彼らは正当性と、異なる国々の正当な利害を認める。リベラルなナショナリズムはおそらくナショナリズムの最古の形態だが、その始まりはジュゼッペ・マッツィーニ[1]が一八三一年に結成した「青年イタリア」の全盛期に遡る。それは統一さ

(1) ジュゼッペ・マッツィーニ Giuseppe Mazzini (1805-1872)　一九世紀におけるイタリア統一運動（リソルジメント）を推し進めた共和主義者。一八三一年、亡命先のマルセイユで「青年イタリア党」を結成し、祖国イタリアの統一と共和政の樹立を目指したが、彼が試みた蜂起は失敗を繰り返し、最終的にはイタリアは君

れ独立したイタリア共和国の創出をめざすものであった。マッツィーニは「リベラルな」という形容詞に対する自身の権利を青年ポーランド、青年ドイツ、青年スイスの結成を助けることによって示した。これらの団体はすべて、ネーションの解放と自己決定にコミットするものであった。複数の集合的「自我」の存在を認めることがリベラルなナショナリズムの鍵となる理念である。

マッツィーニはまた、青年ヨーロッパという、もっと遠大な目標を視野にいれたプロジェクトも立ち上げた。彼は将来のヨーロッパをネーションのコンサートとして想像し、各ネーションが独自の文化を「演奏する」オーケストラのイメージを喚起した。その結果、美しいシンフォニーが奏でられることになると彼は考えたのである。マルクスは同じイメージを、共産主義の工場で働く労働者の調和の取れた協働を描き出すために用いたし、アメリカの社会主義理論家、ホレイス・カレン(2)は文化的多元主義が「差異の管弦楽組曲」になるだろうと考えた。これは好意的批評家らしい文言で、素晴らしいアイデアだが、説得力ある比喩とはいえない。

数年前、私が担当する政治理論の講座である一人の頭の切れる学生がオーケストラの政治と呼んでもいいものに関するレポートを書いたことがある。そのなかで彼は、指揮者が専制的であることが最も一般的な体制であると確認していた。権威主義的な指揮者なしにはハーモニーはほとんどの場合、不協和音となってしまうだろうと彼は論じたのである。マッツィーニが前述のことを書いて以来、そのほとんどの年月において、ヨーロッパのコンサートはこの学生が書いたようなものだったろう。リベラルなナショナリズムはイタリア人やポーランド人、ドイツ人、スイス人が青年であった時代に思われていたよりも困難なプロジェクトになってしまっていることが判明している。それは国内での、リベラルにあらざるナショナリストに対する政治闘争、また国外での自国中心的なネーションステートとの複雑な外交取引を必要としている。

リベラルな民主主義者が、勝利した多数派の権力に制限を課すように、そしてリベラルな社会主義者が、理論に取り憑かれた前衛の権威に制限を課すように、リベラルなナショナリストはネーションの集合的ナルシシズムに制限を課す。目指すは平和的共存である。

「リベラルな」という形容詞の擁護者であるわれわれは、多数派が権利を有することも、理論的知識が重要であることも、あるいはネーションへの帰属が真の価値であることも否定はしない。しかしわれわれは多数者の専制に対して少数派を擁護するし、前衛の傲慢に対して一般活動家を擁護する。同じようにわれわれは、対立するいかなるネーションステートに対しても、国家を必要とするネーションを擁護する——例えばクルド人、パレスチナ人、チベット人をトルコやイスラエル、中国に対

主政国家として統一された。

（2）ホレイス・カレン Horace Kallen（1882-1974）　ドイツ出身の多元主義を説くアメリカのユダヤ系哲学者。民族的な多様性と他民族に対する敬意がアメリカを強くすると主張。

して擁護する――が、トルコ系民族、イスラエルのユダヤ人、漢民族のナショナルな権利を否定することはしない。

これとは対照的に、自らをコスモポリタンと称する人々はあらゆるナショナリズムを非難する。彼らはネーションの一員であることの価値を否定し、ネーションのコンサートという希望を放棄する。コスモポリタニズムは政治的イデオロギーというより哲学的な教説であるが、そうだとしても、ある種の政治を押し進めるものである。それは明らかにナショナリズムに敵対するものだが、またデモクラシーに対しても敵対的である。コスモポリタニズムの擁護者は民主的政治の自然的な故郷であり、実際のところ、唯一の故郷である――都市国家やネーションステートのような――閉鎖された政治空間の価値を認めない。コスモポリタンが世界の市民間でどのような政党を組織し、選挙を実施したりするのか、想像するのも困難である。

リベラルなコスモポリタニズムのようなものがありうるだろうか。コスモポリタンの哲学者は権利を持つ個人しか認めないのだから、彼らは間違いなくリベラルと呼ばれるべきである。しかしこの権利を持つ個人のほとんどは、自分たちが有する特定のメンバーシップを高く評価し、フランス人、日本人、アラブ人、ノルウェー人等々と自分たちのアイデンティティを定め、世界市民としてのアイデンティティなど有してはいないのである。こうしたアイデンティティの持ち方の価値を否定すること、そこから帰結する多元主義が有する価値を否定することは、私にはリベラルにあらざるものと思える。コスモポリタンたるべく強いられた者は——その者はありのままの人々よりも、あるべき人々の方を好むのである。世界に住む何十億もの人々は歴史や出自、習慣によって世界市民ではないし、ましてや生まれついての世界市民でもないだろう。世界国家が彼らを支配することができるのは、（ほとんど）すべての人のナショナルなアイデンティティとエスニックな忠誠心を残酷なまでに抑圧できるような場合だけであろう。イマヌエル・カントが描き出したそのような国家を思い出してほしい。それは「魂のない専制」〔宇都宮芳明訳『永遠平和のために』、岩波文庫、一九八五年、六九頁〕になってしまおう。そのような専制を避けるために、リベラルなコスモポリタンはリベラルなナショナリストと和睦しなければならないだろう。

この和睦の名前こそが国際主義であり、それが表現しているのは、あるいは命令していると言った方がよいのだが、それは国境の廃止ではなく、国境を越えた協働と連帯である。国際主義を達成することは、社会主義者たちが「労働者には国はない」と信じたときに彼らがかつて考えていたものと同じくらい容易なことではない。彼らはナショナルな基盤を有する各国の社会主義政党が、自国の政府に対峙してお互いを支え合うと信じていた。第一次世界大戦に至るまで、ヨーロッパ中の労働者は、たとえそのことが労働者同胞に対する戦いを意味することになったとしても、自分たちの階級よりも自分たちのネーション（とその政府）を選択していた。おそらく、差し迫った、そしてその後実際のものとなった戦線を横断して階級的連帯を形成することは、国際主義の形成がどれくらいできているかを判定するには厳しすぎるテストだった。戦争への反対は階級を基盤とした正義の観念よりも普遍的な正義の観念に焦点を当てた方がよかっただろう。戦争はアフリカの植民地とヨーロッパにおける覇権をめぐる争いだったのであり、あらゆる局面で不正なものだった。こうした理由から戦争に反対したのは、より左に位置していたブルジョワ知識人や活動家だった。彼らはドイツにおいて、戦争の敗北が見え始めるようになるまで、労働者の支持をほとんど得ることはなかった。

民主的な社会主義者は自国民がネーションに感じている忠誠心を認識して、ナショナルな政党を構築すればよりよい結果を得ることができる。実のところ、彼らはネーションステート以外のどこかでうまくいった試しがない。デモクラシーの故郷は、当たり前この上ないのだが、社会民主主義の故郷であることが明らかである。社会主義者は自分たちが重要な政治的勝利を収めることができる政治空間をそこに見出したのである。デイヴィッド・ミラーはこの点を繰り返し、うまく指摘してきた。「福祉国家——そして実際のところ、少数派の権利を守る計画——はこれまでも常にナショナルな構想であったのであり、そうした構想は共同体構成員が互いに扶助しあい、平等な尊敬を相互に保障し合う基礎の上に正当化されてきたのである」。ミラーは続けて（彼の著書『ナショナリティについて（*On Nationality*）』のなかで）ナショナル・アイデンティティが弱まると企業のエリートたちはやりたい放題のフリーハンドを持つことになると主張する〔邦訳三三一頁〕。社会民主主義の栄光に満ちた年月は、ヨーロッパのネーションステートが強く、その政策が共有されたシティズンシップと相互性の感覚を反映した年月でもあった。これとは対照的に、巨大な非ネーションであるアメリカは西側世界のなかで最も粗悪な福祉国家のひとつである。

ネーションステートという空間から、社会主義者は他国にいる同志に政治的支援を提供することができる。彼らのネーションへのコミットメントがリベラルなコミットメントであると仮定すれば、彼らはまた、ネーションの解放運動にも、海外で苦しんでいる弱い人々にも支援を提供することになろう。これをリベラルな国際主義と呼んでよい。

軍事的支援はどうか。二〇〇三年のイラクのケースがそうであるように──体制転換のために国境を越えて軍隊を派遣することに反対する議論を私はすでにおこなっておいた。しかし個人のボランティアはまた別の話である。共産主義インターナショナルは一九三〇年代に、ドイツやフランス、ポーランドなどの国内政党から志願兵を募って、スペインにボランティアの義勇軍を送ることができた。アメリカからの参加者たちは誇りを持って自分たちを「リンカーン旅団」と呼んだ。今日の左派にはこのようなことは可能ではない。それに代わる形で、多くの国からのイスラームのボランティアがイラクやシリアのような場所で戦っている。しかしネーションの境界〔国境〕を認識していない彼らは国際主義者ではない。彼らは宗教的なコスモポリタンなのであり、国境のないカリフ信者である。

一九七〇年代の半ば以降、私は国際主義のプロジェクトとしての人道的干渉の理念と、ときにはその実践を擁護してきた。社会主義国際主義の話をしているのではない。虐殺をやめさせるための軍事力の使用は生命と自由を擁護するものであり、したがってリベラルな事業であると理解するのが最良である。とはいえ、最近の数少ない例のひとつであるコソボでの戦争はイギリスの労働党政権、フランスの社会党、ドイツにおける社会民主党と緑の党の連立政権、イタリアの左翼民主党、そしてアメリカのビル・クリントン大統領の「第三の道」によるもの――軍事的には必要なものであったが、政治的には最弱の連携――であった。それは多国籍からなる左派の所業だったのである。それにもかかわらず、人道的干渉はリベラルな政治であり、その目標は残忍な体制を平等主義的な体制に置き換えることではなく、ただ、残忍ではない体制を置き換えることにすぎない。可能性を押し広げることだけが狙いである。そうすれば、国外のリベラルな民主主義者やリベラルな社会主義者はその国のなかにいる協力者を探し求め、自分たちができる何らかの（非軍事的）方法で彼らを支援するだろう――そしてこの支援もまた、リベラルな国際主義の例となろう。

左派の人々のなかには――少なくとも人道的干渉なるものがアメリカやイギリスやフランスといった旧宗主国によってなされ場合、あるいはその可能性がある場合には――それに反対する人もいる。したがってベトナム軍のカンボジアへの干渉、インド軍の東パキスタンへの干渉、タンザニア軍のウガンダへの干渉を考えてみることが役に立つ。これらの干渉国側の支配者は、その全員がナショナリストであり、彼らがその部隊を隣国に派遣したとき、彼らが念頭に置いていたのはおそらく自国の安全保障だっただろう。しかし彼らはまた、外国人の生命を守ろうとした国際主義者でもあった。彼らは自分たちが越えた国境の価値を認識しており、彼らが国境を越えたのは大量殺戮という緊急事態の場合においてのみだったのである。

「リベラルな」という形容詞はナショナリズムを普遍主義的な教説に変える。ヤエル・タミールはその著書『リベラルなナショナリズム（*Liberal Nationalism*）』（1995）のなかでこの点を非常に明確にしている。「文化的メンバーシップの重要性に関する認識、文化およびネーションの自己決定に対する一般的権利に関する主張……はあらゆる［リベラルな］ナショナリズムの理論の中心に据えられなければならない」〔邦訳一九八頁〕。この「一般的権利」の意味のひとつは、すべてのネーションが他のネーションの主張を認め、次にやってくるネーションのために余地を残さなければならないということである。

イングランドの政治理論家、トマス・ホッブズは飢饉や迫害から逃れてきた避難民の窮状を考え、近隣国家に住む人々は、避難民が暮らせる余地を作るために「より密接に暮らす」必要があるかもしれないと書いていた〔『リヴァイアサン（2）』、二八九頁〕。これは（極めて）リベラルなナショナリズムの道徳的要求と呼ぶことできるが、厳しい要求である。避難民を受け入れるためにこのような現地住民の密集が要求されたことなどこれまで一度もない。これよりも容易に実行できるリベラルなナショナリズムのもうひとつの要求がある。他のネーションを犠牲にして膨張した帝国的ネーションステートは、そのネーションから撤退し、その規模を縮小しなければならないというのがそれである。リベラルな帝国主義なるものがありうると私は思わないが、帝国的支配の型にはより残忍なものとそうでないものがあることは確かである。もしリベラルな帝国主義なるものがあるとするなら、それは従属ネーションに余地を作り出すため、将来の縮小に本気でコミットしている帝国主義だろう。

一九世紀後半から二〇世紀初頭にかけて、小イギリス主義をラディカルに擁護した人たちは反帝国主義者であり、同時に良きリベラルなナショナリストであった。〔ユーフラテス〕川から〔地中〕海までに広がる、今日の大イスラエル主義への呼びかけは、リベラルにあらざるナショナリズムの一例であるが、その一方で「小イスラエル主義」の擁護者は――フランス革命のジロンド派の記憶を呼び覚ますタミールがそうであるように――リベラルなシオニストである。ジロンド派は「フランスが征服した領域に」自由なネーションステートを作り出そうとしたと彼女は書いている〔前掲書、二一二頁〕。

リベラルなナショナリストは、たとえ解放運動が自分のネーションのナショナリストに反対されている場合ですら、いやその場合に特に、ネーション解放の擁護者である。フランスの左派がアルジェリアの独立を支持したとき、彼らは熱烈なナショナリストでアルジェリアのリベラルにあらざる政治運動である民族解放戦線（FLN）も支持していた。彼らはアルジェリアの独立にはフランス国家のではなく、フランス帝国の終焉が必要であると信じていたので、意識的かどうかは別にして、リベラルなナショナリストのように行動した――来るべきネーションに配慮しつつ、彼ら自身のナショナルなプロジェクトを維持していた。もしこれらの左派がリベラルな民主主義者やリベラルな社会主義者であったならば、フランスの植民地軍や警察のテロリズムを非難したのとまったく同じようにFLNのテロリズムを非難したことだろう。

テロリズム――政治的目的のための無辜の民の意図的殺害――は、革命的社会主義に対して独裁と抑圧がそうであるのと同じく、ネーションの解放に対するものである。それはリベラルにあらざる活動家が選択する道程である。私は自身が政治生活を送るなかで絶えずテロリズムについて論じてきた。というのも、これらの議論は一九三〇年代から四〇年代にかけてシオニストの政治の中心的なものだったからである。私はその時期に議論に参加するには若すぎたが、後にその議論を継承し、いわば内側から、それについて幅広く執筆活動をおこなってきた。委任統治領パレスチナにおけるテロリズムを擁護し実践していたユダヤ人たちが右翼であり、極右シオニストでさえあったことは注目に値する。彼らの最強の敵対者は左派のシオニストだった。〔これとは対照的に〕数年後アルジェリアやパレスチナでそうであったのだが、主たるテロリストは左派、あるいは左派を自称する人々であった。主たるテロリズムの弁解者たちもまた欧米の左派の人々であった。

彼らに反対して、私はしばしばトロツキーの素晴らしい台詞を引用してきた。「テロリストは人民に参加を呼びかけることなく人民を幸福にしようとする」（山田一郎訳『トロツキー著作集　一九三四―三五（上）』、柘植書房、一九七八年、一九二頁）。テロリズムはエリートの政治――英雄的少数者の所業――であり、したがって、権威主義的政治である。それは大衆動員やゼネスト、非暴力的抗議といった「デモクラシーを求める」と呼びうるような類の闘争からの離反を意味している。テロリストたちは通常、無辜の民を標的とするという自分たちの決定は「最後の手段」であると主張する。解放武装活動家たちが何をなすべきかを決めている会合を想像すれば、この主張が誤りであることが分かろう。男たち（彼らはほとんどの場合、男性である）の集団がテーブルを囲んで座り議論している。テロ戦略を支持する者もいればそれに反対する者もいる。われわれが入手できる記述は多くないが、それらは私がリベラルなナショナリストと呼びたい、反対派によって書かれたものである。テロリスト予備軍は他に打つ手はないと主張するのだが、反対派は他の選択肢のリストを持っている。実際、他にやるべきことは常に存在する。テロリズムは最後の手段というよりも最初の手段であることの方が多いのである。

リベラルなナショナリストは無辜の民の生命と自由を尊重する義務を負う。カフェやバスのなかに仕掛けられた爆弾を彼らは忌み嫌う。拷問の禁止と同じく、テロの禁止はリベラルな者にとって、採用可能なもののうちで絶対的なものに近い。それはネーションの解放に対するより弱いコミットメントを意味するのではなく、むしろ人民の参加を呼びかけることによってのみ達成される解放へのコミットメントを意味する。テロリズムはアルジェリアのケースが示唆しているように、権威主義体制——未組織な多数者に対する少数の英雄支配——を生み出すことになろう。これに対して、リベラルな解放はデモクラシーへの道を開くものとなろう。

アルジェリアやベトナムのような地でのネーションの解放を擁護する左派の多くは、自分たちをナショナリストであるとは思ってはいない。彼らはネーションステートに対して、日常の政治では必ずしも明示的にではないが、原則的に反対している。彼らは、国家が多数派の文化に属したり、それを反映したりしている限り、それはリベラルなデモクラシーになりえないと論じる。すべての少数派は必然的に抑圧されている——少数派の人々を抱えていないネーションステートなど存在しない。実際、完璧に同質的な国家が存在した場合ですら、流入してくる移民や難民の正当な要求を考えると、まったくその状態に留まることはできない。そうなると、〔比較的に同質性が高いとされる〕フランス人やノルウェー人、あるいは日本人は自分たちの国家に対する何らかの道徳的主張を有しているのだろうか。

ノルウェーのケースを考えてみよう（これは私がナショナリズムに関する議論でよくやってきたことである）。一九〇五年にノルウェーは九一年間続いていたスウェーデンとの連合から脱退した。これはナショナリズムからする脱退だった。ノルウェー人は自分たちの言語、歴史、文化を失いつつあることを恐れていた。そこで彼らが確立した国家はとりわけ、ノルウェーらしさを生産し再生産するための小型エンジンだった。私はこのネーションステートの存在に対して、何らかの重要性を持った抗議を知らない。もちろん、ノルウェー人たちは北部に住む先住民であるサーミ人を対等な市民として公平に扱わなければならないし、亡命希望者や難民を相応分、受け入れなければならない。しかし彼らがこれらのすべてをおこなった場合ですら、ノルウェーはノルウェー人のものであることに変わりはない。それはアメリカのような、カレンがそう呼ぶところの「さまざまなナショナリティを持つ人々のデモクラシー」にはなりえない。そこでは国家は立憲民主主義にコミットする市民を生み出すことを唯一の目的とする（あるいは目的とすべき）エンジンであって――なんらかのナショナルな集団やエスニック集団の文化を促進することが目的ではない。ネーションステートを批判する多くの左翼評論家が、アメリカ社会のあらゆる側面とアメリカの対外政策のあらゆる特徴に激しく敵対している場合ですら、「ネーションステートの」モデル国はアメリカだと考えているように思われるのは奇妙な事実である。

ネーションステートに関する最近の議論や批判の大半は、イスラエル国家というひとつのケースに焦点を当てるものであった。ナショナリズムについて私が知っていること、私が有している意見はすべて、イスラエルと私の関わり方と、私のイスラエル訪問に由来するものである。すべてというのは言い過ぎかもしれない。大学院生時代に私はナショナリズムに関する講座を受講し、インドのナショナリズムとインドの共産主義のあいだの関係に関する長いレポートを書いたことがある。解放運動、多数派ネーションと少数派ネーション〔の問題〕と私が最初にアカデミックな関わりを持った国はイスラエルではなく、インドであった。一九五〇年代後半に私が共感を寄せていたのは、ヒンドゥー教徒とムスリムのためのひとつのインドを構想したネルーのリベラルなナショナリズムだった。

ネルーはインドをふたつのネーションからなる国家であると想定はしなかった。彼はヒンドゥー教徒とムスリムはナショナルなコミュニティのメンバーなのではなく、宗教コミュニティのメンバーなのであって、同時代の大半のリベラルや左派の人たちと同様に、宗教的信仰は彼が「理性と科学」と呼ぶものに直面すれば消失しつつあると確信していた。ヒンドゥーのナショナリスト、右翼のヒンドゥトヴァ唱導者が彼の主な反対者のなかにいた。一九二〇年から三〇年代にかけて、彼らはヨーロッパのシオニストに共鳴した。シオニストもまた、宗教とナショナリティを融合しようとしたと考えたからである。しかしその当時は、この共鳴は説得力があるものではなかった。というのも、シオニズムはラデイカルなまでに世俗的で、社会主義的イデオロギーの側面を強めていたからである。しかしそれは来るべき日々を予示する不吉な兆候だった。

シオニズムとネルーのインド・ナショナリズム、そしてまたその他すべてのナショナルな解放運動に共通する願望のひとつは、ガンジーが書いたように自分たちの問題を処理することができる「新しい」人々を創り出すことである。そのような人々は伝統主義的受動性と服従から解放され、自己決定と誇り高きシティズンシップに適合した人々だ。シオニストのケースは旧来のユダヤ人に対する活動家の見解、すなわち屈従的で心配症で、身体が弱く、卑しいまでに慇懃であるユダヤ人という見解に極めて顕著にあらわれている。国家設立以前に、そして国家設立から間もない時期にシオニストたちが描き出したユダヤ人像は標準的な形態をとっていた。私は自分が十代の頃に見たポスターを思い出す。若い男女が肩を並べて立ち、その顔はハンサム、その躰は頑丈、筋肉質で、少しがっしりしている。男はスコップを、女は鍬を持ち、美しく耕された田畑越しに未来を見つめている。そういうポスターだった。何世紀にもわたって土地を持たなかった後、新しく生まれ変わったユダヤ人は開拓者であり農夫であった。それは当時の滑稽な二行連句に示されているとおりである。「ユダヤ人は農夫になれないと誰が言った／我らを馬鹿にする者たちに唾を吐きかけてやれ」。この農夫は畑を耕すだけでなく、戦う準備もできていた。一途に、強く、恐れることなく。

私はこのイメージに刺激を受けた。私は自分がいまだリベラルなシオニストではなく、懐疑的で、これらの新しいユダヤ人たちにまじって、テルアビブのカフェに座ってユダヤ人の未来について議論したりする知識人たち、あるいはイスラエル・フィルハーモニー管弦楽団の音楽家たちをどこに見つけ出せるのか訝しく思っていた。結局、私は新しさへの必要性を放棄することなく、旧来のユダヤ人（の一部）を高く評価するようになったのである。

おそらく新しいユダヤ人の最も顕著な特徴はその言語だった。彼らはヘブライ語をしゃべる。それは祈禱と研究のためだけに用いられていた言語だったのだが、今や日常会話用の言語として復活したのである。その復活はエリエゼル・ベン＝イェフダーというひとりの人物の手によるものであり、彼はネーションの復興にはナショナルな言語が必要であり、それはディアスポラ先のすべての地にいるユダヤ人が互いに語り合うことのできる言語であると主張した。ベン＝イェフダーの唯一無二な役割は、修正主義歴史家たちから疑問視されているが、それは当然だと私は思う。しかし彼の物語を聞きながら私は成長してきたのであり、ここでもそれにこだわる。一八八一年にヤッフェで船から降りた時、彼が妻に向かって今後はヘブライ語でしか話さないと言ったということは有名である。彼らの息子は近代世界でヘブライ語を母（父）語とした最初の子どもであった。ベン＝イェフダーの構想はヘブライ語が神聖な言語であり、日常会話で使われるものではないと考えたイシューブ(3)の正統派ユダヤ教徒たちによって拒絶された。彼はまた、将来のユダヤ人国家の言語はドイツ語かフランス語にな

（3）イシューブ Yishuv　イスラエル建国以前のパレスチナ地域におけるユダヤ人共同体の名称。

ると想定していた仲間のシオニストたちからも嘲笑された。しかし彼は並はずれて粘り強く、説得力を有していた。一九五七年に初めてイスラエルを訪問した妻と私はテルアビブの通りで彼の成功を思い知らされた。ヘブライ語のできない妻がイディッシュ語で道順を聞こうとしたところ、彼女が受けたのは強烈な、ベン゠イェフダー的返事"Dabeir rak Ivrit!"、「ヘブライ語だけで話せ」であった。

ベン゠イェフダーはリベラルな言語学者ではなかった。彼は言語熱狂者であり、彼ほどの強い熱意がなければ、彼が成したことが可能であったとは私には思えない。しかし同時に、彼は、マッツィーニ流のリベラルなナショナリストだった。彼は他のナショナルな言語の美しさを称賛し、多くのネーションからなる世界の「輝かしい多様性と多色に輝く華麗さ」について書いていた。彼はユダヤ人がその華麗さの平等な参加者になることだけを望んだのである。とはいえ、一九四八年から一九五五年のあいだにイディシュッ語やラディーノ語(あるいはポーランド語やアラブ語)を話してイスラエルに到着し、語気鋭く"Dabeir rak Ivrit!"と言われたホロコースト難民やアラブ諸国からの移民たちにとって、ベン゠イェフダー流のラディカルなヘブライズムが厳しすぎるものであったことを私は疑わない。

シオニズムは、独立直後の数年間にイスラエルに到着したユダヤ人によってではなく、その次にやってきたネーションによってテストされた(そしてテストされている)。最初にやってきたネーションはパレスチナ人であると言ってもよいだろう。アラブがユダヤ人入植地を攻撃した一九二一年の段階ですでに、ダヴィド・ベン＝グリオン[4]はシオニストの同僚たちに「これはナショナルな運動なのだ」と語った。とはいえ、それはシオニズムに呼応した運動であり、そのナショナリズムはまだ始まったばかりのものだった――それはときには汎アラブ主義的であり、それよりも頻度は少ないと思うが、パレスチナ的だった。その指導にあたった人物はまちまちであった。なかでも宗教家、伝統的名士、名家の長といった人々が傑出していた。ヤセル・アラファト[5]のようなネーション解放の武装活動家は

（4）ダヴィド・ベン＝グリオン David Ben-Gurion (1886-1973)　イスラエルの政治家。イスラエルの独立の父とみなされる人物。出生はポーランドだが、一九〇六年にパレスチナへ移住し、社会主義シオニズム政党ポアレイ・ツィヨンの指導者として活躍。二一年から三三年にはマパイ（エレツ・イスラエル労働党）書記長を務め、四八年のイスラエル建国と同時に首相兼国防省に就任。一時政界から引退するものの（五三～五五年）、六三年の辞任まで首相の座にあった。ユダヤ人のイスラエルへの定住を目指し、アラブ諸国に対しては強硬派であった。

（5）ヤセル・アラファト Yasser Arafat (1929-2004)　パレスチナ解放機構（ＰＬＯ）の指導者。エルサレムに生まれる。カイロ大学で工学を学ぶ傍らパレスチナ学生連合を組織し、このときの主要メンバーによって武闘組織であるファタハが結成された。一九六九年よりＰＬＯ議長。九四年には中東和平の道を切り開いたとして、イスラエルのラビン首相らとともにノーベル平和賞を受賞。九六年以降はパレスチナ暫定自治政府議長を勤めたが、選挙の無期限延期など独裁的傾向を強めた。二〇〇四年に病気療養中のパリにて死去。

まだ現れてはいなかった。一九四八年の〔第一次中東〕戦争の後、ヨルダン川西岸はヨルダンに併合され、ガザ地区はエジプトのものとなった。パレスチナ・ナショナリズムの成立する余地はほとんどなく――エジプトはそれを厳しく統制し、ヨルダンはそれを抑圧した。アラファトのファタハは遠く離れたクウェート首長国で生まれた。

皮肉なことに、現代的な世俗的態様でのパレスチナ独立を目指すネーション解放運動への道ならしとなったのは一九六七年の〔第三次中東戦争／六日戦争における〕イスラエルの勝利とヨルダン川西岸およびガザの占領だった。そのモデルはアルジェリアのFLNであり、ファタハ武装活動家のお気に入り理論家はフランツ・ファノン(6)だった。

私が定期的にイスラエルを訪問するようになった一九七〇年代はこのような状況だった。ヨルダン川西岸とガザ地区は占領地だった。この領域へのイスラエルの入植活動は、メシア的思想を持つ若い宗教的熱狂者たちの指導のもとに始まっていた。アラファトはパレスチナ運動の指導者と認められており、ファタハはその指導的政治勢力であった。私がリベラルなナショナリストと呼ぶイスラエルの友人たちの政治は簡単に示せる。彼らはイスラエルによるその領域の占領に反対していたのである。しかし占領をどのように終わらせるのかについての意見は様々であった。一方的な撤退を主張する者もいれば、アラブ諸国――あるいはアラファトとその武装活動家たち〔彼らはその時点でイスラエルの破壊にコミットしていた〕――との話し合いを通じて、イスラエルと併立するパレスチナ国家の創出とヨルダン川西岸のヨルダンへの返却を主張する者もいた。

この最後のものはヨルダン解決案と呼ばれ、その支持者は多くなかったが、盛んに議論されたものである。ある回のイスラエル旅行から帰国後、私はジミー・カーター大統領の国家安全保障問題担当補佐官であったズビグネフ・ブレジンスキーと話し合うためにワシントンDCを訪問した。彼と私は大学院時代に（東欧政治に関する）講座を一緒に受けたことがあった。ブレジンスキーはかつてヨルダンのフセイン国王に、ヨルダン川西岸地区での選挙結果がどうなると思うか尋ねたことがあると私に語った。国王は「もし私が選挙に出馬すれば、私が選挙に勝つだろう」と答えた。フセインはリベラルな民主主義者ではなかったし、おそらくはどのような種類の民主主義者でもなかった。それでもヨルダン解決案は悪い考えではなかった。その結果生み出されることになる統一国家ではかなりの人数のパレスチナ人が多数派を占めていただろうし、時間が経てば、間違いなくイスラエルと併立するパレスチナ国家へと形を変えてゆくだろう。

しかしそのようなことはまったくありえなかった。

（6）フランツ・ファノン Franz Fanon（1925-1961）　仏領マルティニーク生まれの精神科医・革命理論家。第三世界革命の理論や、後のポストコロニアル批評にも多大の影響を与えた。一九五七年よりFLNに加わる。代表作に『黒い皮膚・白い仮面』（みすず書房）、『地に呪われたる者』（みすず書房）がある。

イスラエルで暮らしている私の友人に、マパイ〔エレッツ・イスラエル労働党〕の古老とマパム〔統一労働党〕の古老がいる。彼らはもともと左派であったふたつの政党の古参党員であったが、一九六七年の戦争後に国を包み込んだ幸福感のその先を見つめ、すべての入植プロジェクトに反対していた。彼らのなかにはヨルダン解決案を支持する者もいたかもしれないが、ほとんどの者は「ふたつの人民のためのふたつの国家」を提唱するようになった。これはイスラエルとパレスチナが顔を突き合わせるようになったいま、現実味を帯びた可能性であった――もっとも何年ものあいだ、どちらの側の指導者も相手側を認める準備ができていなかったのだが。当時、私はしばしばイスラエルを訪れ、（招待されて）友人たちと行進し、デモに参加した。その後、一九九三年にオスロとワシントンで、占領を終わらせイスラエルと並び立つパレスチナ国家を創り出す戦いが、束の間のものであったが、勝利を収めたと思われた。私は招待客の一人――イスラエルの平和運動家を当地、アメリカで支援するグループである「アメリカンズ・フォア・ピース・ナウ」の代表――としてホワイトハウスの芝生の上に立ち、イツハク・ラビンとアラファト両陣営の人たちが握手するのを眺めていた。それは幸福感に溢れていた時期であり、それは一九六七年の時よりも冷静なもので、メシア的なものではなく、リベラルな幸福感であったと思う。われわれは喜び、興奮し――そして心配した。(7)

チャンスをとらえて、ラビンは入植者運動との戦いを選ぶべきであり、アラファトは武装抵抗の提唱者と一戦を交えるべきであったのだ。真の平和が可能になる前に彼ら二人はこれらの戦いに勝たなければならなかった。しかし彼ら二人とも、その延期を選択したのである。ラビンは政治的理由から、アラファトはイデオロギー的理由からそうしたのだと私は思っている。その後ラビンは暗殺され、パレスチナ人たちはテロ活動を開始し、一九九六年のイスラエル首相選挙でビビ・ネタニヤフ[8]が勝利し、そのチャンスは失われてしまった。

私はその後続いた苦難を詳細に語るつもりはない。イスラエルでは、どちらも長期政権とはならなかった中道左派と中道のふたつの政権がパレスチナ国家のための提案を行ったが、それはパレスチナのナショナリストたちの期待に沿ったものではなく、拒絶されてしまった――普通のパレスチナ人（そしてイスラエル人）の幸福を考えるのであれば、この拒絶は間違った選択であったと私は思う。ガザ地区からのイスラエルの一方的撤退によってハマースが権力を握り、パレスチナのネーション運動

（7）イツハク・ラビン Yitzhak Rabin（1922-1995）　第三次中東戦争（六日間戦争）で国防軍参謀総長を務め、イスラエル勝利の立役者のひとり。退役後、労働党の政治家に転じ、六八～七三年、七四～七七年、九二～九五年の三度に渡って首相を務めたが、九五年、狂信的なユダヤ教徒の青年に暗殺された。

（8）ベンヤミン・ネタニヤフ Benjamin Netanyahu（1949- ）　イスラエルの政治家。ビビは彼の愛称。建国後に生まれた最初の首相として一九九六～九九年、そして二〇〇九年以降、現在に至るまで、一年半の中断期間を挟んで首相の座にあり、通算任期は歴代最長である。パレスチナに対する強硬姿勢など、一般には右派のリーダーとみなされている。

は分裂し、いくつかの決着なき小規模戦争が生じてしまった。イスラエルにおける長期にわたる右翼の支配、日常茶飯事となった占領下の残虐行為、リベラルにあらざるナショナリストたちによって支援され扇動されたヨルダン川西岸でのユダヤ人入植地の着実な拡大、これらのものはイスラエルと併存するパレスチナ国家を想像することをますます困難なものにしている。

この紛争に対して提案されている別の解決案に連邦や連合案がある。これはおそらく双方の側にいるリベラルなナショナリストの基本的ニーズにかなったものであるが、それは完全な国家主権にまでは及ばない自己決定権を提供することによってである。しかしこの提案のような複雑な取り決めを維持しうる、双方の側に十分な数のリベラルなナショナリストが存在するだろうか。極左に最も好まれる提案は両方のネーションの自己決定権を否定して、それに代えて「全市民の国家」を創り出すことであり――これはいかなる種類のネーションステートでもなく、一種の「中東におけるアメリカ」である。この構想の最大の難点は「全市民の」という文言にある。それはどんな人たちだろう。ユダヤ人とパレスチナ人の双方が「帰還」の教説にコミットしている。ユダヤ人はイスラエルが現在おこなっているように、新しい国家がディアスポラを経験して苦難にあえぐユダヤ人のために避難所を提供することを望むだろう。パレスチナ人は今や独自のディアスポラにある。彼らは新しい国家が故郷に帰りたがっている離散下のパレスチナ人に開放されることを望むだろう。ふたつのネーションは各人が有する憲法上の権利と義務のみならず、文字通り、国の全住民に関する憲法上の権利と義務に関して交渉しなければならない。両国の各々が独自の移民政策を選択するという案の方が容易に実現できるかもしれない。そしてその後、両国内にいるリベラルなナショナリストとリベラルにあらざるナショナリストたちが権力を求めて競い合うことができるのである。

移民はナショナリズムの政治にとって中心的問題のひとつである。コスモポリタンの哲学者は国境の開放を支持する議論を展開する。それは長年の錯綜した問題のすべてを回避することができるし、移民政策を作成する際に同じネーションの同胞と外国人を区別する必要がなくなるという訳である。ある部外者のグループを他の部外者グループよりも優遇する理由などないだろう。誰もが歓迎されるのだ。しかしリベラルな哲学者でさえ、あるいはその大半が、個人生活における特定の義務の価値を認めている。私にとって誰よりも意味があり、誰よりも私を必要としている人がいるのである。そして哲学者ではないそれ以外のわれわれの大半が、ネーションステートのような集合体が誰よりも特定の人々に対して――イスラエルがディアスポラに苦しめられたユダヤ人集団に対して、パレスチナが、自分たちの離散同胞に対して信じているように――義務を負うことができると信じている

これらの特定の義務は市民たちの親族から始まる。家族の再会は移民政策の一般的特徴であるが、どこまでが家族なのかについて、法は様々である。配偶者、子ども、両親から義理の親、叔父と叔母、第一親等、第二親等、第三親等の従兄弟まで含まれるのだろうか。さらに範囲を広げると、（批

判者たちから）「連鎖」移住と呼ばれるものに至ってしまう。「分離度」に関する数学的研究を考えに入れれば、この連鎖には終わりがないと考えることができる。各々の家族の請求権者には親戚がいるが、その親戚にもまた親戚がいる、といった具合だからである。したがって、国家は国家が認める関係に限界を設定することができるし、現にそうしている。

それでも、市民が自分たちの国家にたいして、離れ離れになった家族のメンバーの再会を許可するよう要求することができるという〔国家に課せられた〕義務は現実のものとしてある。これは正当な差別の一例である。アメリカ市民の妹とその夫、彼女の子どもたち、義理の両親よりも困っている人々は存在していようが、これらの人々、少なくとも彼らの一部は優先されるのである。国家は家族の重要性を正しく認識し、それを支持しているのである。

ネーションの血縁者やエスニックな血縁に対する義務もまた、何らかの種類の制限を受けるかもしれないが、それは最初から拡張されたコミットメントであり——これもまた広範に認められている。例えばソ連が崩壊したとき、フィンランド人はロシアというネーションステートで困難に遭遇していた何千人ものフィンランド系ロシア人を呼び寄せ、シティズンシップの取得を急がせた。これも差別のもうひとつの例である。新生ロシアで困難に遭遇していた人々はおそらく他にも多くいただろう。しかしフィンランド人が同胞フィンランド系住民に対する特別な義務を認識したことは正しかったと思う。これで彼らの義務が終わったわけではなかろうが、正当な出発点だった。このような差別の例は他にもたくさんある。ギリシアは近代的なトルコ国家設立の後、アナトリア・ギリシア人を受け入れたし、西ドイツは第二次世界大戦後、東プロイセンやズデーテンラントのドイツ人を受け入れたし、イスラエルは「帰還法」を制定した――これはおそらく共通政策のなかでも最も議論を呼び批判された例であろう。

しかしながら、国家が他国に住むネーションの同胞にシティズンシップを拡張するとなると、話はまったく別である。ハンガリーは大ハンガリーにずっと昔に先祖を持つ一〇〇万人以上の、エスニック上はハンガリー人である人々に対して、シティズンシップを与えたが、これなどはそのケースである。これらの新しい市民たちはハンガリーの選挙で投票権を与えられたのであるが、それは――税制や福祉、教育、司法といった――地方自治の中心的問題が彼らにとって関わりのある問題ではないにもかかわらずである。外国のハンガリー市民は極右のナショナリスト政党を支持する傾向があるが、彼らの投票は国家が共通の生活を営む住民だけのものではなく、エスニックな離散民のものでもあるという考え方を肯定する。この種のナショナリズムは民主的政治の最も基本的な原則、自治は被治者が行うという原則を踏みにじるものである。これとは対照的に、イスラエルはしばしばユダヤ民族の国家であると呼ばれはするが、その実はそこに住む住民の国家なのであり、彼らだけが選挙での投票権を有する。ディアスポラのユダヤ人には選挙権はない。

シティズンシップの分配における正当なえこひいきのもうひとつの例はイデオロギー的血縁性と

関係するもので――ここでもハンガリー人が有益な例を示している。このケースでは義務はネーションやエスニックの一線を超えている。一九五六年のハンガリー革命の後、ソ連軍に弾圧された数千人の難民がイギリスに入国し、滞在することを許された。当時私はイギリスで学んでおり、ロンドンが突如としてハンガリー人で溢れかえったのを目にして驚いたものである。冷戦の文脈では彼らは西側民主主義国の友人であり、イギリスは主要な民主主義国のひとつであった。それゆえに、この義務は間違いなくアメリカにも及んでいた。

しかし仮に革命が勝利し、共産主義体制が打倒され、難民が元国家公務員や秘密警察のメンバーだったと仮定してみよう。その場合にイギリスが彼らを受け入れる義務を感じたか疑問である。ソ連は、難民たちが行きたいと言えば、それを受け入れる義務があった。ソ連ではイギリスと違って彼らはイデオロギー的な近縁者だったからである（一八四八年のハンガリー革命が失敗に終わった後、難民たちがイギリスやアメリカで歓迎されたことを覚えておくといい。亡命した革命のリーダー、ラヨシュ・コシュート[9]はアメリカを見て回り、国務長官ダニエル・ウェブスターに公式に迎えられ、各地で熱烈な群衆の歓迎を受けた――これはリベラルな国際主義の好例である）。

家族的、エスニック的、イデオロギー的近縁者を受け入れることはリベラルな移民政策である。リベラルなナショナリストは亡命希望者や難民のための場所を確保することも必要であると主張しなければならないだろう。もしどこか一国だけでは受け入れられないほどのあまりにも多くの難民が発生した場合には、他国の指導者と交渉し負担を分担する必要がある——これも国際主義のプロジェクトである。リベラル派はこれらの普遍的な義務に個別的な義務を付け加えることになろう。この組み合わせこそ、「リベラルな」という形容詞を正当化し、特定の義務のみを認める単なるナショナリストや、普遍的義務のみを認めるコスモポリタンからリベラルなナショナリストを分かつものなのである。

「リベラルな」という形容詞は既存のネーションやその成立が渇望されているネーションの利益を満たすだけではない。それはネーションが創り出す国家内部での少数派の権利をも認めるのである。ほとんどのネーションステートはエスニックな少数派や宗教的少数派を内包しており、その内包は古代の征服、度重なる国境線の変更、移民によって規定されたものである。そのような国家のリベラリズムはこうした集団をどう扱うかによってテストされる。少数派のメンバーは他のすべての市民と同じ権利と義務を有しているだろうか。彼らは同じ経済的機会を有しているだろうか。彼らが一定の地

(9) ラヨシュ・コシュート Lajos Kossuth (1802-1894)　一九世紀ハンガリー王国の政治家・革命家。一八四八年の革命に失敗し、オスマン帝国に、その後ニューヨークに亡命、その後も一度もハンガリーに帰国することなく、移住先のイタリア、トリノで死去。

域に集中しているなら、自分たちの歴史や現状に見合った程度の政治的自律性と文化的自律性を有しているか。連邦の取り決めは民主的に機能しているか。フランス語が話されているケベックに他の州よりも大きな権利が与えられているカナダの非対称的な連邦制を考えてみると、これははっきりと権利主張を行う少数派とリベラルなネーション の民主的で協働的な努力の成果である。

ネーションの複数性をもたらすナショナリズム一般のリベラルな資質は、各々特定のナショナリズムのリベラルな資質と並行している。リベラルなネーションは「血と土」や神意、あるいは始原のときに始まり中断されることのない歴史によって創り出され規定されるのではない。血は常に混じり合い、地理は時とともに変化し、神は無関係で、歴史は他国の歴史と絡み合っている。ネーションの物語は一部真実であり、一部想像の産物である。そして修正主義の歴史家は定期的に現行バージョンの歴史に異議申し立てをする。

ネーションステートにおける少数派は、彼らが対等な市民であるなら、そしてネーションの文化が実際に修正に開かれているなら、時の流れとともにナショナルな同胞となる傾向にある。彼らはネーションの言語を第一言語、シティズンシップの公用語とするようになるし、(最新のバージョンの)ネーションの歴史に自分たちを適合させようとする——それはフランス在住の移民たちがバスティーユ監獄襲撃の日(革命記念日)に自分たちの祖先が関与した訳ではない革命を祝うときにそうである。移民たちはしばしば政治的平等を求める闘争のなかで、あの革命の原理を呼び起こすことになる。同時に、彼ら、あるいは彼らの多くは、自分たちの文化と伝統――つまり彼らの第二言語――を維持するために懸命に働いている。リベラルなナショナリズムは「ソフトな」多文化主義と呼ばれてよいものを許容するが、そのやり方は、ユダヤ系イギリス人の主席ラビであった故ジョナサン・サックスが同胞ユダヤ人たちに語った次の言葉に示されている。「同化することなく統合されたいなら、これら［ふたつの］言語にそれぞれにふさわしい価値をあたえることが重要だ」。イギリスにいるすべての少数派は自分たちをひとつに繋ぎとめているものに対する、自分たちの共有されたシティズンシップについて思いをめぐらし、根本的に異なった人々と共に生きることを学ぶ必要がある。サックスは言う。われわれは「他者に余地を残す」ために「自制し」なければならない。リベラルなナショナリズムは少数派の市民のなかでリベラルなエスニック集団やリベラルな宗教を必要としているし、奨励する必要がある。

リベラルなネーションはまた、イデオロギー的にも多元的である。その構成員は君主制支持者だったり、共和主義者だったり、リバタリアン、社会主義者、保守主義者、急進主義者だったりする。アメリカのようなマルチナショナルな、多人種的、多宗教的な国は、これとは対照的に、その国がとっている政治によって定義されるが、その政治を拒絶する人々は――一九五〇年代の共産党員がそうだったように――「非アメリカ人」と呼ばれる。タミールは書いている。「しかし社会的な結合力の基準をネーション、文化、そして歴史に据える社会において反体制的な見解を持つことは必ずしも仲間はずれにされることにつながるものではない〔前掲書、二一〇頁〕」。フランスの右翼政治家はフランスの共産主義者が非フランス的活動をしていると非難はしない。ド・ゴールはジャン・ポール・サルトルがフランスというネーションの尊敬すべき一員であることを決して疑わなかった。フランスや、近年ではポーランドとハンガリーのようなネーションステートのリベラルにあらざるナショナリストたちは、そのほとばしる敵意を、イデオロギー的敵対者に向けるのではなく、外国人、ないしは最近のムスリム移民、あるいは——ユダヤ人やロマ人のような——特徴的少数者に集中させる。これらの国でも左翼と右翼、資本主義と反資本主義の政治は深刻なものだが、それはアメリカが有しているのとは異なる感情価を有している。

少数派集団の構成員が対等な市民であり、移民が歓迎され、信仰のようなイデオロギーが自由であるネーションステートですら、リベラルにあらざる破綻国家が作り出す問題を解決することはできない。今日の世界ではエスニシティや宗教を理由に、何百万人もの人々が国家の保護を受けられないでいる。さらに何百万人もの人々が、破滅した政府のおかげで誰も保護されえない国家に住んでいたり、すべての人を危険にさらす内戦に悩まされている国家にいたりしている。法的に文字通り無国籍であることは近代国家システムの裏面、負の側面である。国家なしでは、あるいは実効的国家なしでは人々は権利も失い、危険なまで脆弱な存在となる。ハンナ・アーレントが「諸権利を持つ権利」〔大島通義・大島かおり訳『新版　全体主義の起源2　帝国主義』、みすず書房、二〇一七年、三一六頁〕と呼んだものは、実際にはどこかに所属する権利である。権利は政治的結合の産物である。そうだとすると、政治的仲間を持たない人々、包摂的で、適度に平等主義的で、国民を保護する能力のある国家の一員ではない人々のためにわれわれは何ができるだろうか。

世界大のシティズンシップなどという選択肢はない。世界は政治の場ではないからである。クルド人やパレスティナ人のような国家を持たない人々のために新しい国家を創り出すことは部分的な解決策になるだろう。われわれは国家の不完全さに苦しんでいるすべての人のために、国家システムを完全なものにすることができよう。しかし既存の多くの国家の残酷さとウルトラナショナリズムの排他性を考えると、実効性のある権利を持たない人々がまだ多すぎると言わざるをえない。昨今、リベラルにあらざるナショナリズムとリベラルにあらざる、あるいはポピュリスト的デモクラシー（そしてしばしば宗教的狂信）の組み合わせが見られるが、それは国内の少数派にとっても、国外からやってくる無国籍の難民にとっても格別の脅威である。その数は国際法によって確立された庇護システムをすでに凌駕している。

虐殺や追放をやめさせるための人道的干渉はこうした人々を助けるための一つの方法かもしれない。殺戮が始まる前に、より早い段階で残虐行為に対して政治的制裁や経済的制裁を加えることはより良い方策だろう。私は虐待され迫害された人々を助けるための負担を、彼らがその現場にいるときも、難民となっているときも分配し、すべての既存国家間での衡平な分配を実施するトランスナショナルな組織を想像することができる。それは世界政府などではなく、権威はあるが抑制の効いた、武力を行使できるが、限定的なやり方をとる組織となるだろう。そのような組織ができる兆しはいまのところない。しかし気候変動と、それがすでに生み出している人の移動が有するスコープを考えに入れれば、その必要性はますます緊急なものとなっている。もしわれわれが慎重に権威と制約を狙わなければ、事態はもっとずっと悪いものになってしまうだろう。

アメリカ版のリベラルなナショナリズムとはどのようなものだろうか。この言葉があてはまるものであるかどうか自信はない。明確なアメリカのネーションは形成途上にあるのかもしれないが、それはいまだに存在はしていないからである。アメリカは人種的にもエスニック的にも、宗教的にも──おそらく、かつての帝国のように──分裂したままであるが、標準的なネーションステートのようにではない。アメリカ人が自分たちの民主的制度に対して持っている誇り、アメリカが時代の新秩序（*novus ordo seclorum*）〔このラテン語はアメリカの合衆国の国章の裏面や一ドル紙幣の裏面に書かれている〕を体現しているとの信念、独立宣言と憲法へのコミットメント──これらすべては愛国心と呼ぶのがもっとも適切である。それはエスニックな内容を持つものではないし、古来の歴史に訴えかけるものでもない。それは、スティーヴン・スミスが近著『極端な時代において愛国心を取り戻す（*Reclaiming Patriotism in an Age of Extremes*）』（2021）で論じているように「信条の」肯定なのである。そしてアメリカの現実がその信条に沿ったものでない以上、愛国心は社会批判と政治批判につながるはずである。

アメリカにおけるナショナリズムは愛国的なものではない。それはわれわれを旧世界の政治に呼び戻す。それは外国人からわれわれを引き離すイデオロギーというより、国内でわれわれを分断するイデオロギーなのだ。二〇世紀初頭に反移民を掲げたナショナリストたちはアメリカが「北」のネーションであると主張したが、これはその一例である。北半球に出自を持たないアメリカ人はその当時すでに非常に多かったのだ。一九四〇年に「アメリカ・ファースト」を宣言した人たちの議論も同様に分断的なものだった。一部のアメリカ人だけがファースト扱いされるのであり、他の人たちはまったくそうではなかったのである。

トランプ時代のいわゆる白人ナショナリストも、そのようなものがそもそも存在するとするならばであるが、そうあるべきものを擁護していた。それはアメリカというネーションではなく、アメリカの内部にあるネーションである。文化的多元主義の理論家であるホレイス・カレンがアメリカを「さまざまなナショナリティを持つ人々のデモクラシー」と呼んだとき、彼はリベラルなナショナリストのようにエスニックな少数派や宗教的少数派に対する寛容や、彼らの公民権を支持する議論をしていたわけではない。彼がもし他国における少数派集団――同時代のポーランド人やユダヤ人、あるいはトルコのアルメニア人――について考えていたなら、そうしていたかもしれないが。むしろカレンは愛国者のように、アメリカには少数派に対する寛容を要請されうるような多数派は存在しないと主張したのである。そこに存在するのは複数のナショナリティだけなのであり、その各々の集団が（アメリカ先住民を除いて）その歴史的故郷からはるかに離れて暮らしているのである。先にも述べたように、デモクラシーを否定し、左翼や右翼の権威主義を受け入れるアメリカ人は非アメリカ人と呼ばれるが、そのように範疇化できるような人種的、宗教的ないしはエスニックなアイデンティティは存在しない。われわれのすべてがアメリカ人なのである。われわれの自己決定はナショナルなものではなく、単純に、デモクラティックなものなのである。

しかしわれわれには共通のシティズンシップや市民宗教があるにもかかわらず、アメリカは実際のところ、白人の国ではないのか。そこでは移民してきたいアイルランド人、イタリア人、ユダヤ人、ラテンアメリカ人、そしてアジア人さえもが徐々に「白人化」され――黒人だけが取り残されて人種的にスティグマを貼られているのではないか。ここには厳しい真実があるが、完全に真実であるというわけでもない。アメリカ人は人種的のみならず、政治的、宗教的、文化的、地域的に分裂している。カレンがいう、根源的《ラディカル》に多元的なアメリカは実際に存在するし、またアメリカには同盟と対立が交差する長い歴史がある。人種差別はアメリカ史において絶えず存在し続けてきた特徴だが、それよりも中心的なものではなかったとはいえ、排外主義や反ユダヤ主義、女性憎悪、同性愛憎悪、宗教的憎悪も存在してきた。

ここでトランプ流のナショナリズムをより詳細に見てみよう。二〇二〇年の選挙でドナルド・トランプに大量に投票した白人労働者はしばしば、ナショナリスト——あるいはより正しくはナショナリズムの政治を鵜呑みにした人々——とされている。しかし彼らにはネーションの歴史のようなものは何もない。彼らにあるのは階級の歴史である。彼らの多くは、団結権を求め、それがかなうと賃上げと労働条件の改善を求め、それがかなうと年金と保健医療を求め、手を取り合って戦ってきた。彼らが働いていた産業の消滅、労働組合の解体、新自由主義エリートによる切り捨て、新たな経済的脆弱性——これらが彼らの政治を形成してきたものなのである。だからそれはナショナリストというより、ポピュリストの政治なのだ。彼らの政治は、対立しているネーションや国内の非アメリカ人に対して向けられているのではない。彼らを先導しているデマゴーグは人種差別的、反ユダヤ主義的、反移民的な言辞をもてあそぶが、これは今日のアメリカで明らかに共鳴を呼ぶものである。しかしその共鳴がどの程度のものであるか定かではない。というのも、少数であるとはいえ、驚くべき数の黒人やラテンアメリカ系住民がトランプに投票しているからである。彼らは自分たちが彼の標的であると、明らかに考えておらず、むしろ彼のポピュリズム的政治に共感しているようだ。これらの有権者は人種差別主義者ではなく、彼らの実際上の敵なのであり、彼らが味方の白人だと思っている者たちはアメリカのエリート階級、より特定的には、支配階級のかなりの部分を占めている無関心で略奪的なエリート、金権主義的で能力をひけらかすエリートなのである。われわれの金権主義的で能力主義的なエリートたち（の多く）が独立宣言で謳われている平等主義にコミットしていないのは間違いのない真実である。それでも彼らはデモクラシーのゲームに参加している（というのも、通常は勝つのは彼らだから）のであり、彼らを非アメリカ人と呼ぶ気に私はならない。ただ、彼らは自分たちがそう思っているような愛国者などではない。彼らの同胞アメリカ人との結びつきは十分に強いものではなく、共通の信条によって日々を生きてはいないからである。不幸なことに、あらゆるエリートに反対する先頭に立つ、あるいはそれを装うポピュリスト政治家はアメリカの愛国心を構成する信条へのコミットメントを忘れてしまっているのである。

白人ナショナリズム／ポピュリズムの政治がアメリカ社会の包摂性に対する攻撃であるとすれば、黒人ナショナリズムは、アメリカの包摂性が最大限に失敗したことに対する反応である。黒人のアメリカ人が国家を構成するかどうかは、黒人が決めることである。フランスの著作家、アーネスト・ルナンが「日々の人民投票」〔鵜飼哲訳『国民とは何か』、インスクリプト、一九九七年、六二頁〕と呼んだように、それは彼らの問題なのだ。その投票の行方が今日、どうなっているのか私にはわからない。それが明日どうなるのか、私にはもっとわからない。しかし、ナショナリズムとは、その白人版バージョンが示すように、実際のネーションの存在に依存しない政治である。一九六〇年代の黒人ナショナリズムを記憶している左派の人たちの多くは、それをどう理解し、どう反応すべきだったのかが困難であったことも記憶している。

初期の公民権運動は、顕著なかたちで宗教的、愛国的に動機づけられた人種的少数派の活動であった。それはアメリカの信条に忠実であり、アメリカの都市――「丘の上の都市」（マーティン・ルーサー・キング・ジュニアの有名な演説「私には夢がある」からの言葉）――におけるシティズンシップを要求していた。南部に赴いた左派の若者たち、そこには多くのユダヤ系アメリカ人が含まれていたが、彼らはこのプロジェクトを支持した。われわれは自分たちが白人と黒人（あるいは黒人とユダヤ人）の同盟の一部であると想像していた。われわれが重視したのは統合と政治的平等であり、ラルフ・アバーナシー[10]やマーティン・ルーサー・キング・ジュニアといった黒人伝道師が提唱した非暴力にコミットしていた。

しかし、事態は急変しなかった。多く黒人の若者たちにとって、キリスト教平和主義は、アメリカの人種差別に対して、真正面からそれを糺す方法とは思えなかったのである。彼らは、「ブラッ

（10）ラルフ・アバーナシー Ralph Abernathy（1926-1990） アメリカの公民権運動家・バプティストの牧師。キング牧師の暗殺後は、彼と共同創設した南部キリスト教指導者会議（ＳＣＬＣ）の会長を務める。

ク・プライド」や「ブラック・パワー」、ラディカルな独立独行の政治を選択した。リベラル派や左派の白人は去るように――あるいは傍観者として支援するように――言われ、われわれの多くはそうした。ブラック・パワーはナショナリズムの一形態、単独行動の政治であり、ヒロイズムを求めるものであった――実際には、南部の町に座り込み、行進した若者たちは初めからヒーローであったのだが。黒人ナショナリストの日常的な活動はしばしば賞賛に値するものだったが、政治的成果はなかった。少数派には同盟者が必要であり、他のグループと提携してその一員であるとき、最高の成果をあげられるのである。

ナショナリズムを主導した組織はブラック・パンサーであった。そのメンバーは、特に独立独行へのコミットメントが強かった。彼らは黒人コミュニティで教育プログラムを運営し、小学生に朝食を提供し、医療クリニックを組織した。しかし、彼らは、自分たちが革命家であるかのように語ったのであり、それは政治というより、姿勢の問題だった。また彼らは制服を着用し銃を携えてパレードを行い、それによって、警察が迅速で残忍な対応をすることに口実を与えてしまった。後年のことであるが、シカゴのフレッド・ハンプトンは、単独行動戦略を放棄し、街の白人ギャングと同盟を結んだ。パンサーを異常に憎んでいたJ・エドガー・フーバーは、これを特に恐れ、彼の指揮の下、FBIが地元警察とともにハンプトンのアパートを襲撃した。実際のところ、それは実は暗殺計画であった。この事件を受けて、ナショナリズムの物語はひとまず幕を閉じた。

二〇二〇年の警察によるジョージ・フロイド殺害事件後、ブラック・ライブズ・マターが組織した大規模な抗議活動は一九六〇年代の行進やデモによく似ていた。黒人と白人が一緒に行動し、そこには制服も、銃もなかった。いくつかの都市で起きた暴動と警察との戦いは、新たな闘争心に火がついたシグナルであるかに見えた。しかし、この数カ月間で最も顕著だったのは、デモの数と規模であった。ナショナリズムは、おそらく現代の黒人活動家にその痕跡を残している。その痕跡がどれほど顕著なものであるかは、ルナンのいう「人民投票」によって決まるだろう。しかし、今のところ、アメリカの黒人の多くは、まず政治的平等と経済的統合を目指し、それから何らかの形で社会的、宗教的、文化的自決を目指しているのではないかと私は思う。彼らの物語は、よく知られたアメリカの物語であり――このケースでは、まったくもって未完成なのである。

アメリカが「例外的」であるという考えは、ほとんど自己満足のイデオロギーである。しかし、アメリカは差異の国である。われわれが暮らしている異質性の高い社会は、他のどの国よりも多くの人種集団、エスニック集団、宗教集団を内包しているのであって（かつて存在した帝国とソ連は歴史的に見て例外だが、これらはもう存在していない）、これらアメリカに存在する集団は他の国には見られない程度に分散し混在しているのである。多数からひとつへ（*E pluribus unum*）〔合衆国の国章のリボン状の装飾に書かれた文言〕は楽観的すぎるかもしれないが、多数性（*pluribus*, manyness）の方は真実であり、真に例外的である。しかしながら、世界はますますわれわれの方向に近づいてきている。戦争や内戦、帝国の崩壊や人々の移動が、いたるところで新たな異質性を生み出している。このことが意味しているのは、今やどこのネーションも、上述した二つのテストに直面しているということである。つまり、次に到来するネーションによって試され、内部の窮地に立たされた少数派によって試されるのだ。

ここに至って、われわれは第三のテストについて考えてみてよかろう——それは国境を越えた協力、あるいはより直裁的には、今日のヨーロッパに見られるような連邦制のテストである。欧州連合はリベラルなナショナリストとリベラルな国際主義者の手によって作り上げられたが、それは既成のネーションステートの自己決定と汎欧州的なガバナンスの結合を目指すプロジェクトである——後者のものは人権を連合横断的に守る裁判所〔欧州人権裁判所〕に最も明確に表されている。この組み合わせは容易なものではないが、このプロジェクトが今後数十年にわたって目に見えて成功するようになれば、他の地域でも同様の連邦制が見られるようになるかもしれない。連邦制は、国家を持たないネーションと脆弱な少数派の双方を救う方法かもしれない。しかし、それが成功するかどうかは、既成国家の市民が国境を越えた裁判所に自らを委ね、政治的主権や経済的主権が十全なものとはいえない状態で生きていこうとする意志を持つかどうかにかかっている。それが三番目のテストである。

ブレグジットはその意志がないことを大胆に示したものだが、英国で行われた欧州連合離脱の投票は僅差だった。投票のおよそ一カ月前、私はロンドンで友人たちと欧州連合残留を支持するデモ行進を行った。それは大行進で、いたるところで群衆が合流し、私はこの人たちは何者なのだろうと思った。彼らはリベラルなナショナリストで、離脱派にしばしば見られる醜い排外主義を否定したかったのだろうか。あるいは、国境を越えた協力を信奉するリベラルな、あるいは社会主義的な国際主義者だったのだろうか。あるいは、旧来のアイデンティティに新しいアイデンティティを付け加えたヨーロッパ人なのか。この三つは確かにそこに存在していた。だが行進者の多くは同時にリベラルなナショナリストであり、国際主義者でもあり、かつヨーロッパ人でもあったのではなかったかと私は思う。二〇一九年のイギリスでは、このコンビネーションは勝利しなかったが、長い目で見れば、彼ら行進者たちが勝つ可能性はある。

イギリスのヨーロッパ人、あるいはフランス、ドイツ、イタリア、ポーランドのヨーロッパ人は、アイルランド人や黒人、ユダヤ人からなるアメリカ人のようにはならないだろう。彼らは信条的な愛国者ではなく、リベラルなナショナリストであり、またリベラルな国際主義者でもあろうが、アメリカ人は（世界中で活動しているにもかかわらず）ほとんどそうではない。EU市民は、ヨーロッパのすべてのネーションの幸福に対して共同責任を負うことになろう。欧州連合は、これまでとは異なる新しいネーション連邦であり、本章で私が述べたものとは異なる、あるいはそれ以上の政治生活の形態を示すかもしれない。

第五章　リベラルなコミュニタリアン

コミュニタリアニズムとは、ある宗教、文化、政治に強くコミットメントしている人々の集団の密接な結びつきを表現する思想である。ナショナリストと同じく、彼らは自分たちのコミュニティの利益を向上させることを目的としているが、そのコミットメントの重点は内向きなものであり、自分たちの共同生活の質、ないしは強度に焦点が当てられている。市民的共和政は、おそらくコミュニタリアニズムの最も知られているバージョンである。ジャン゠ジャック・ルソーはその預言者であるが、彼は決してリベラルではなかった。ルソーは、理想的な市民とは——共同生活のあらゆる側面に献身的に従事し、私的活動よりも公的活動から大いなる幸福を得る男（そこには女性はまだ含まれていなかった）であると述べた。シティズンシップには、他のものを一切排除したコミットメントが必要である。二次的結社のなかでも教会と政党は共和国の完全性を脅かすものであるが——なんらかのそのような結社があるならば、それが数多くあったほうが、市民の忠誠心をめぐって共和国と競合する団体などなくなるとルソーは述べている。

市民は自分たちのためにすべてを行う。ルソーが言うように、彼らは代表者を選ばず、集会に「飛んで」くる。彼らの民主政は、職業政治家のいない直接民主政である。政治家がいないのと同じように、軍隊は市民からなる軍隊であり、職業軍人も傭兵もいない。ルソーは、アンシャン・レジームのコルヴェ——王が所有する街道での強制労働——を、共和国所有の街道での徴用労働に置き換えることを提案さえしている。最後に、すでに述べたことであるが、公立学校では、訓練された教師ではなく年配の市民が教えるべきである。

かつて「社会主義はあまりに時間を取り過ぎる（socialism would take too many evenings）」と言った人がいた。以前、私はこの言葉を引き、オスカー・ワイルドの言葉だとした（いかにも彼らしかったからである）〔萩原能久監訳『聖徒の革命——急進的政治の起源』、風行社、二〇二〇年、三一四頁にもこの記述が見られる〕。しかしワイルド研究者たちは、彼がそれを言ったことはないと否定しているので、私の言葉だとされることもある。しかし私はそんな洒落たことをいえる人間ではない。これは政治を定義する辛辣な言葉のひとつであるが、この言葉は、市民的共和政のことをこの上なく明確に言い当てている。市民的共和政もまた、朝に夕に多大の時間を必要とすることだろう。マルクスの、共産主義社会における自由な生活を語った言葉「朝に狩りをし、午後に魚をとり、夕には家畜を飼い、夕食後に批判をする」〔古在由重訳『ドイツ・イデオロギー』、岩波文庫、一九五六年、四四頁〕は有名である。マルクスは、ルソーの市民的共和政が必要とする終わりのない会議を省略した。われわれは集まって、朝に、どの動物種を猟師に許可するかについて議論し、午後には、各々の漁夫ないしは漁婦の最大漁獲量を議論することになろう。そして夕方には、家畜の飼育に関する代替的な論題を議論し、夜遅くまで延々と続く批判のために急いで夕食を取るのである。

マルクスが「田園生活の馬鹿馬鹿しさ」について書いたことを考えると、そのイメージには驚くべきものがある。いずれにせよ、われわれは今現在、都市に住んでいるのだから、市民が自分たちのためにすべてを行うという都市の例を見てみよう。ルソーは、いまだ近代的な形で存在していなかった警察については何も語っていない。しかし、警察を近隣委員会に置き換えることを主張する現代の警察廃止論者は、彼の精神的な子孫である。ここで、直ちに重要な疑問が浮かんでくる。われわれは、警察ではなく、隣人によって取り締まられることを望んでいるのだろうか。

このアイデアは刺激的でラディカルだが、新しいものではない。私はその歴史について幾許かのことを知っている。というのも、私は大学院生の頃、一六四〇年代のイギリスの革命、つまりピューリタン革命について博士論文を書こうと決めたからだ。私はそれを『聖徒の革命』と呼んだ。聖徒たちは、近隣委員会制に賛成していた。ジャン・カルヴァンのジュネーヴでは、法と秩序は「相互監視」によって維持されていた。教会員（理念的にはジュネーブの人々はみな教会員だった）は互いに「監視し、調査し、懲罰し」あっていた。

ピューリタンはこの規律をイングランドに持ち帰り、彼らの会衆で実施したが、聖なるコモンウェルスが国全体に「監視」と「兄弟的な戒め」を広げるほど長くは続かなかったので、それ以上の進展はみなかった。「監視」と「兄弟的な戒め」が会衆の生活において何を意味していたのか、ある程度、リチャード・バクスター牧師の報告（『聖なるコモンウエルス（*The Holy Commonwealth*）』（1659）から知ることができる。彼はキダミンスター教区において、新しい道徳的秩序の施行が「隣人の救いを切望する、その地の敬虔な人々の熱意と勤勉によって可能となった」と報告している。今日、「その地の敬虔な人々」――正義の味方で政治的に正しい人々《ポリティカリー・コレクト》――は、持ち回りで提案された委員会に出席し、全員が常時、仕事をしているわけではないだろう。しかし、彼らの「熱意と勤勉さ」については憂慮する必要がある。なぜなら、彼らは自分が委員でないときでも、熱心に委員会に報告するからである。

良い隣人を持つこと、そして私自身がそうであることの重要性を私は認識している。ナンシー・ローゼンブラムは、隣人関係の意味について優れた書物を書いた（『良き隣人――アメリカにおける日常生活の民主主義（*Good Neighbors: The Democracy of Everyday Life in America*）』（2016）。その中で彼女は、コミュニティの強度には及ばないものの、日常生活をまっとうに送るために決定的に重要な社会生活の形について述べている。隣人たちと一緒になってすることは数多くある。ハリケーンや吹雪の後、私たちはお互いの財産や生活を修復するために助け合う。子どもたちが学校に通っているときは、彼らがうける授業や先生について話し合い、定期的にＰＴＡの会合に出席する。学区法の変更やゴミ収集スケジュールについての議論に加わり、道具やノウハウを共有し、道端で立ち話をする。しかし、その一方で、私には、自分の好きな時に、隣人から見られることがない権利がある。

アメリカのリベラルなコミュニタリアンは、隣人からではなく、制服を着た人々から監視され、諭されることを望むだろう。彼らは自分たちの監視者を監視することを望む。彼らはまた、警察がわれわれのデモクラシーの価値観を共有することを望むだろう。〔彼らは次のことを望む〕今日のアメリカで、デモクラシーにコミットしている警察組織なら、われわれが知っている警察とは対照的に、すべての市民を平等に扱うだろう。また、そうした警察組織は市民の審査に十分な説明責任を持ち、武装解除されるだろう。つまり、アメリカの都市よりも戦場にふさわしいような武器が取り上げられ、紛争を緩和するための訓練が施されるのである。また、警察官が違法な力を行使しても、刑事免責されたり民事免責されたりすることはなくなる。行動規範と強制力のある取締り規則を有するプロの警察は、アマチュアや狂信者の非公式な寄せ集めよりも、リベラルなコミュニティのライフスタイルにずっと合っているはずである。

しかし、現在のアメリカの警察の取締りは過剰で、武装も過剰である。彼らの活動の範囲と程度を減らす必要がある。これには、彼らが執行する法、無許可の家宅捜索、彼らが停車を命じ捜索することが許される人数、殺害する人数、逮捕する人数などが含まれる。現在のアメリカにおける投獄者数は、狂気じみた社会の兆候であり――ナショナルな（あるいはなんらかの）コミュニティとは正反対のものである。麻薬取締法を改正すれば、警察の仕事は大きく変わるだろうし、社会民主主義的な住宅政策もそうである。教師、福祉関係者、カウンセラーなど他の専門家を都市に増やし、クラブ、体育館、公園を開設し、公共事業や新しい仕事を創出する――これらのことすべてが警察の仕事を減らすことになろう（その結果、当然、予算も削減される）。

リベラルなコミュニタリアンが市民的共和主義者のレパートリーから採用する可能性のあるアイデアがひとつある。一〇代後半の若者を対象に一～二年間のネーションへの奉仕活動を行わせることがそれだ。彼らは徴募されることになるが、社会的に役に立つさまざまな仕事のなかから選択することが許されている。ネーションが設立した監獄での調理や清掃作業などはそのひとつだろう――これは刑務所への大量収監を終わらせる地ならし役になる仕事である。雑用的な仕事だが必要不可欠な仕事であるという意識を全員に持たせることで、将来の能力尊重主義の「横暴」を減らすこともできるかもしれない。アマチュアや狂信者ではなく、若者のエネルギーと理想主義を動員した平等主義的でコミュニタリアン的なプロジェクトがここにある。

市民という集合体には、アマチュアや狂信者だけでなく、それ以外のすべての人が含まれるに違いない。シティズンシップそのものが、道路工事や教育、取締りとは対照的な、普遍的な使命《コーリング》である――それはまた、市民社会のあらゆる特殊な活動、特に政党や運動による政治とも対照的である。この点については、先に参加民主主義について述べたことであるが、これはまさに市民共和主義が求める、すべての市民が政治的コミュニティのなかで常時、活動を続けるということである。これに対して、現実政治と呼ばれるものには――例えば政党や運動といった――別のコミュニティがあり、その活動メンバーは市民の重要なサブグループを成している。

こうした市民社会の活動家や政治活動家のなかには、共和国の歴史や文化だけでなく、より特殊なイデオロギーや、連帯意識と敵意という非常に特殊な感情を共有する者もいる。こうした新しい活動家に教えるのが最も難しいことのひとつに、彼らがこれまで経験したことのないような甚だしい敵対心とどのように共存できるかというものがある。彼らは集団として敵対的な政治に関わっている。彼らは（その言葉を使うかどうかは別として）同志であり、同胞市民の何人かは敵か、少なくとも敵対者である。活動家はこれらすべてに慣れている。彼らはまた、イデオロギー的な議論に慣れており、運動にフルタイムを割くことをいとわず、運動をリードし、時にはそれを支配する可能性もある。

私が運動に携わっていた日々で最も鮮明に記憶に残っているのは、友人や同盟者と長い時間をかけてミーティングをしたことである。彼らは平時には必ずしも友人や同盟者ではなかったのだが。われわれのなかには、他の人よりも熱心に、事実上フルタイムで活動している人たちもいたが、全員の関与は、民主的国家の市民のあいだでふつう見られるものよりも、より激しく、より集中したものだった。市民的共和主義は、都市の政治生活よりも運動にふさわしい高いレベルの積極的行動を要求していると言えるかもしれない。このような型のコミュニタリアニズムは、国家を運動に変えようとするものであるが、そんなことはありえないし、決してそうなることはできないし、――決してあってはならない。

運動のなかにあっても、時には活動家について気にかけることが必要である。一九六〇年代後半のベトナム反戦運動の政治はその好例である。一九六七年、ハーヴァード大学の教師と学生の小さな集団が、「民主社会のための学生同盟」（SDS）の古参学生であったわれわれも含めて、「ベトナムに関するケンブリッジ隣人委員会」を組織した。われわれのプログラムは、戦争に反対するコミュニティの組織化であった。若く非常に真面目な活動家たちは、街中のドアをノックして、共感してくれる家庭を探し、ブロック・ミーティングを開いて、隣人に戦争反対を呼びかけたのである。そこで集めた署名をもとに、住民投票を実施した――戦争に関する住民投票《レファレンダム》である。そして一一月、有権者の約四〇パーセントが私たちと共に戦争に反対する票を投じた。これは道徳の勝利だったろうか。結局のところ、現在進行中の戦争に反対するのは難しい。しかし、市内の労働者階級居住地区ではわれわれはことごとく惨敗した。われわれ左派は、その多くがまだ階級闘争こそが中心的であることを信じていたが、ハーヴァード・スクエアとその周辺のブルジョアジーしか味方につけられなかったのである。何が起こったのか。

その答えは簡単で、悲しいものである。個別訪問をしていた若い活動家は大学生であったために徴兵を免除されていたが、彼らが語りかけていた人々の息子や娘はベトナムに送られていたのである。彼らは甘ちゃんで、ひとりよがりで、傲慢だと思われたに違いない。コミュニティで組織化を行うには、そのコミュニティについて何事かを知っている必要があるということにわれわれは思い及ばなかったのである。イデオロギー的な確信だけでは十分ではなかったのだ。共感と理解をもって隣人に接しなければならないのである。おそらく、それこそがコミュニタリアニズムの意味するところ――あるいは意味すべきところなのだろう。私たち反戦活動家は、自分たちの意思とは裏腹に、多くの隣人たちのあいだで戦争支持の反応を生み出してしまった。後にレーガン・デモクラット〔民主党を支持しているのに共和党のレーガンに投票した人〕と呼ばれるようになった労働者階級の人々は、その後の一〇年間に右傾化していったのである。

ルソーが『社会契約論』で描いた市民の共和国もまた、ルソー自身がそのプログラム的な『ポーランド統治論』のなかで明らかにしているように、リベラルにあらざるネーションステートである。そこでは、将来の市民の教育について、彼らはポーランドの歴史、地理、文化、文学を学ぶことになるが――それ以外のことは学ばないとルソーは述べている。「教育とは、魂にナショナルな力を与え、性向として、情念として、必然として、愛国者となるようにその見解と嗜好を導くべきものである」〔邦訳三七六頁〕。この種の教育はまた、リベラルな民主主義国で見られるものよりもはるかに強烈な市民宗教を学生たちに吹き込むことになる。それは、強い感情的反応を呼び起こすことを意図した、ポーランド人らしさ（あるいはフランス人らしさ等々）の儀式のようなものだ。ここでは、コミュニタリアニズムとナショナリズムが、根本的にリベラルにあらざる結合の仕方で結びつけられているのである。

私はかつてルソーの政治学を教えていたが、彼の共和国は、シティズンシップが新たな抑圧の形に転化している加熱したコミュニティであるといつも感じていた。リベラルなコミュニタリアニズムであればその解熱を試みるだろう。それは私的な幸福――野球を見たり、映画を見に行ったり、子どもと遊んだり、庭仕事をしたり、恋愛をしたり、あるいはただ友人と座ってコーヒーを飲んだり、話をしたり――のために市民が（いくつかの）会合を欠席することを許すだろう。それは参加民主主義の熱意と代表制民主主義の冷静さを併せ持ち、政治が好きでない人も政治的決断に口を出せるようにするだろう。リベラルなコミュニタリアニズムの学校は、その傾向として、愛国者を作ることを目的としているが、そうしなければならないわけではない。生徒たちは、他の言語から翻訳された小説を読み（それだけでなく他の言語も学び）、他の国の歴史、地理、政治も学ぶのである。

別の選択肢もある。リベラルなコミュニタリアンは、市民の共和国を完全に断念して、国家はリベラルな民主主義かリベラルな社会民主主義であるべきで、なかには加熱するものもあるかもしれないが、ある複数のコミュニティのための枠組みを提供すべきだと主張するかもしれない。これは、私自身が好むタイプのコミュニタリアニズムである。多くのコミュニティがあってもいいではないか。もちろん、ある人々は、ひとつのコミュニティを自分の生活の中心に据え、その濃密さを喜び、同胞市民から距離をおこうとする（そしておそらくは敵対しようとする）だろう。アイデンティティ・ポリティクスは通常、集団の物質的利益への偏狭な執着から生じるが、それはリベラルにあらざるコミュニタリアニズムによって助長され、教唆されている。

私たちの多くは、様々な異なるコミュニティのメンバーであることを選択し、そのコミットメントの強さは、メンバーの多様性によって異なるだろう。これは、政党や運動だけでなく、宗教組織や、エスニック組織、経済組織、慈善組織、文化組織など、リベラルな民主主義が奨励するあらゆる組織を含む市民社会の生き方である。だから私は、ユダヤ人であり、社会主義者であり、『ディセント』関係者であり、大学で教える政治理論家であり、ニューヨーカーであり、アメリカという共和国のアクティブな（しかしパートタイムの）市民であり、兄弟、夫、父親、そして祖父であることができるのだ。

大半のアメリカ人は――教会、シナゴーグ、モスク、組合、職業団体、政治クラブ、大家族など――さまざまなアイデンティティが生み出す結社で、協働作業や仲間意識について最高の経験をしていることだろう。これらの場所では、親密で濃密な個人的関係が築かれている。ここで私たちは語り合い、議論し、交渉し、集合する。また、儀式や記念行事、連帯の表明、相互承認のための社会的空間もここにある。しかし、これらの他のものとはまったく異なった活動やパフォーマンスは、必ずしもわれわれをお互いから切り離すものではない。それはまさに、われわれが非常に多くの結社の枠を超えて、非常に多くの活動に参加しているからである。宗教的アイデンティティや人種的アイデンティティ、エスニックな、あるいはジェンダー的なアイデンティティを選択した人たちでさえ、異なるアイデンティティを持つ隣人たちとともに地域政治に参加する可能性がある。彼らは依然として、包括的な「ビッグ・テント」政党〔多岐にわたる理念と総花的な政策を掲げた政党〕を支持し、戦没将兵追悼記念日や独立記念日を祝い、自治体や国の選挙で投票する可能性があるのである。彼らは今でも、自分たちが共和国の市民であることを自覚している。彼らは皆、まだ同じボートに乗っているのだ。

しかし、私がブランダイス大学で学んでいた時代の恩師ルイス・コーザー[1]が「強欲な」と呼ぶような結社も存在する。メンバーの感情や日常的なコミットメントに対して過激で排他的な要求をする結社があるのだ。政治セクトや、宗教セクトはその最たる例である。コーザーとその仲間たちがセクト主義を捨てた後、『ディセント』で彼が最初に書いたのも、私がこの雑誌の起源を説明する際に書いたのも、このセクトに関するものである。セクトとは、新しい教義や緊急のメッセージを持つある集団が政治的・宗教的敗北に直面したとき、あるいは何らかの重要な支援の見込みが薄れたときに形成されるコミュニティであると考えてみよう。彼らは、自分たちの時代が来ることを願い、教義を硬化させ、メンバーに厳しい規律を課すことによって、生き残りを図るのである。そして、ルソーの「私的活動より公的活動の方が幸福度が高い」という言葉を誇張して、壁で隔離された真の信者によるコミュニティを作るのである。セクトの生活は公と私を融合させる。セクトはそれを共有する人たちの生活のすべてであり、彼らはそこにある種の幸福を見出すのだろう。

セクトは民主的ではない。通常は、ある種のカリスマ的指導者がいて、宗教的、ないしは政治的に正しい教義をすべて知っており、それを日々の生活のなかでどう応用するべきなのかを諭すのである。もし、意見の相違が生じれば、最も可能性の高いその帰結は、そのセクトが分裂し、正しい教

（1）ルイス・コーザー Lewis Coser（1913-2003）　ドイツ系アメリカ人の社会学者で、一九七五年にアメリカ社会学会の会長を務める。構造機能主義と紛争理論を結合させた社会対立の理論化を行ない、闘争モデルを提起した。主著は『社会闘争の機能』（新曜社）。ハウとともに『ディセント』の共同創設者でもあった。

義を宣言する新しい指導者を持つ新しいセクトが出現することである。宗教において、プロテスタンティズムは多くの教会を生み、政治においては、マルクス主義が多くの政党を生み、それらはすべて市民社会のなかで他の教会や政党と競争しながら活動し——根本的に異なった生活をする多くのセクトを生んだ。セクトのメンバーであることは、プロテスタントが延々とプロテストし続け、マルクス主義者が延々とマルクス化し続けようとすることだと思えばよい。彼らは、私たちの多くが決して住みたがらないような強欲なコミュニティの住民である。

第二章で私は、市民社会とは自発的な結社の世界であると述べた。おそらくコミュニタリアニズムの最も深い教訓は、すべてのメンバーシップが自発的なものではないということだ。人々は、宗教的セクトや政治的なセクトに加わることを選択する。プロテスタントの宗教改革は「集う」会衆を導入したが、これは今日、アメリカにおける宗教生活の支配的な形態である。同様に、私たちは政党や社会運動に参加(し、そして離脱)する。しかし、ナショナリティや宗教は、ほとんどの人にとっての選択対象ではない。ルソーの市民的共和国の市民は、ほとんどの場合、あらゆる政治的コミュニティの市民と同じく、生まれながらのメンバーである。私はアメリカ人やユダヤ人になることを選択したわけではない——民主党やアメリカ政治学会や愚鈍哲学撲滅協会の会員になることを選択したのと同じというわけでは確かにない。

われわれは他国に忠誠を誓うこともできるし、他の宗教に改宗したり、宗教を完全に捨て去ったりすることもできる。しかし、ナショナルなつながりや宗教のつながりは断ち切るのが非常に難しく、実際に断ち切れるのはごく少数の人々だけである。非自発的な結社の内実は必ずしも濃密なものではないが、一般的にいって、そこに所属することが自己理解（アイデンティティ）の中心となっているコアなメンバーが存在する。しかし、他のメンバーにとってすら、自分たちが一度も意識的に受け入れたことのないものを意識的に拒絶することは困難である。彼らはただ、あるがままなのだ。リベラルなコミュニタリアンはそのことをどう感じるべきなのか。

私が本書で扱っている他のケースと同様に、ここでもコミットメントを決めているのは名詞の方である。私は、コミュニティでの生活の絆と相互性を重視する限りにおいて、コミュニタリアンである。私はどこかに（あるいはいくつかのどこかに）所属したいのだ。「リベラルな」という形容詞をそこにつけることを提唱する人は、このコミットメントを制限し、つながりと相互性には様々な程度があることを認める。それはある種のコミュニティの強欲さを拒否したり回避したりすることを可能にするし、アメリカ人であることとユダヤ人であることにはそれぞれ違ったあり方があると主張するだろう。これに対して、リバタリアンの個人主義者やコスモポリタンの哲学者は、あらゆる種類のコミュニティ生活から逃れたいと思うだろう。あるいは、メンバーシップをもっとカジュアルにとらえ、メンバーシップに伴う義務を最小限にとどめることを支持するだろう。「リベラルな」という形容詞は——全面的な参加を強要する専制に抵抗する場合であってすら——それよりも強力なものと両立する。

第六章　リベラルなフェミニスト

　もちろん、男性もフェミニストになりうるし、最近では多くの男性がフェミニストであり、また自分のことをそのように紹介したがっている。私の妻はボリシェヴィキ的フェミニストで――その昔の慣習で要求されたように――デート中に私にドアを開けさせたり、コートを着るのを手伝わせたり、映画のチケット代を払わせたりしたことがない。私たちには二人の娘と一人の孫娘がいるが、彼女らは生まれながらにしてフェミニストである。私の姉は生涯フェミニストである。そして私は、なんらかの男性に開かれているのと同じように、そうしたすべての人に開かれた世界を欲している。世界にはそういう夫、父親、兄弟、祖父が何百万人もいるはずだ。それをファミリー・フェミニズムと呼ぶ。あまりにも簡単なことだ。

一九七〇年に、私はハーヴァード大学で、中世史家キャロライン・バイナム[1]とともに、大学における女性の地位に関する委員会の共同議長に任命された。その頃、一九六〇年代後半から七〇年代前半にかけてのことだが、私が教えていた行政学科には、頭がよく、タフで、野心にあふれた女子大学院生の集団が在籍していた――私は、彼女たちにも男子学生と同じように開かれた世界を望んでいた。バイナム教授と私は、二四の提案からなる報告書を書いたのだが、その目的は大学の開放を始めることであり、それ以上のものではなかった。当時の状況は非常にひどいものだったので、私たちは二四の必要な改革を思いつくのに苦労はしなかった。女性教員の学部への登用拡大、仕事と勤務体系の柔軟化、産休の延長、新米ママへの終身雇用権付与までの期間延長、大学のすべてのサービスを平等に利用できるようにすること、それらのサービスにデイケアを追加すること、保健センターで避妊のアドバイスとサポートを行うことなどがそれである。教授会は、われわれの提案のうち、女性をもっと雇用するよう学部に求める最初の提案のみに賛成し、残りの提案は無視されるか延期されてしまった。他の提案のいくつかが採用されたのは、何年も先のことだった。われわれは時代を先取りしていたのだ。私は、常に最新情報を提供してくれた共同議長に感謝している。それでも、リベラルな左派の教授たちは、進んで支持を表明してくれた。学部フェミニズムも、これまたあまりに簡単なことだ。

本当にフェミニストになりたければ、フェミニズムとは何かという議論に加わらなければならないし、男性という部外者であれば、内側からの手助けが必要である。私に関係する女性たちで、キャロライン・バイナムの次に重要な手助けをしてくれたのは、ニュージーランド出身の大学院生、スーザン・モラー・オーキン[2]だった。彼女は博士論文として西洋政治思想におけるフェミニズムの歴史を書きたいと考えていた。教員の中には、この研究計画を若い女性が実行するには野心的すぎると考える人もいた。しかし私は、オーキンならできると信じ、プラトン、アリストテレス、ホッブズ、ルソーなど、あらゆるものを根本的に新しい視点から読み直そうとする彼女を支え、かばった。彼女よりも私の方が、この出会いから多くのことを学んだに違いない。この学位論文に続いて出版されたのが、『西洋政治思想における女性（*Women in Western Political Thought*）』（1979）であり、これは画

（1）キャロライン・バイナム Caroline Bynum（1941- ） アメリカの中世史家。コロンビア大学初の女性教授でアメリカ歴史協会の会長も務める。バイナムの研究は中世人、特に女性が人間の宗教性・精神性を追求するなかで自らの身体性とどう向き合ってきたかを解明することに焦点をあてるものである。代表作に *Holy Feast and Holy Fast*（1986），*The Ressurection of the Body in Western Christianity 200-1336*（1995）がある。

（2）スーザン・モラー・オーキン Susan Moller Okin（1946-2004） ニュージーランド生まれのフェミニズムを専門とするアメリカの政治哲学者。主著は本文で説明されているとおり。

期的なものだった。

オーキンの二冊目の著作、『正義、ジェンダー、家族（*Justice, Gender, and the Family*）』（1989）は、現代の社会正義論に対する批判の書で、そのなかに私の理論も含まれていた。彼女は、古典的名著に対するのと同様に、最新の書物に対しても鋭く反応したが、私の『正義の諸領域』〔山口晃訳『正義の領分――多元性と平等の擁護』、而立書房、一九九九年〕に関しては、リベラルな寛大さと私が恐縮して呼ぶしかない書き方をしていた――だからといって彼女の批判の力が弱まったわけではないが。彼女は実にリベラルなフェミニストであり、ここ数十年でその種の政治を最もよく代表する一人だった。多くの女性同志が激烈なまでに反リベラルだった時代に、彼女は啓蒙主義を擁護した。「ヒエラルキーを根本的に拒否し、個人の自由と平等に焦点を当てる自由主義を正しく理解することはフェミニズムにとって決定的に重要である」〔この引用文は発見できなかったが内容的には邦訳書九三頁〕と彼女は書いている。

オーキンは、フェミニズムの政治に関する最も重要なふたつの議論におけるキーパーソンだった。家族における正義を強調したことと、多文化主義批判がそれだが、この点で彼女は著名である。ここでは、その両方について――また、彼女に反対した人々についても――書いておきたい。「公正な家族」について異議を唱えたのは、主として家族の親密さを擁護している男性のコミュニタリアンであったし、多文化主義批判に異議を唱えたのは「差異の政治」を擁護している、主として〔自分ではそう呼んでいなかったかもしれないが）女性のコミュニタリアンだった。私はここでいささか単純化しているが、このまま論を進める。これは地雷原なので気をつけていただきたい。

家父長的な家族は、明白な理由から、フェミニストの最初の攻撃対象であり、その廃絶を支持する論者もいれば、オーキンのように平等主義的な改革を支持する論者もいる。男性同調者からの共通の反応は、さりげなく話題を変えて家族外の差別について語ることだった。「解放は外から始まる」と、私は一九八三年に書いた（『正義の領分』、三五二頁）。あらゆるレベルで経済を開放し、保育所に資金を提供し、有給産休を義務付け、見えない昇進の壁を壊し、女性を専門職に就かせ、公職への立候補を奨励すれば――家族関係は必然的に変化する（それは確かに変化してきたが、どの地においてもわれわれが予測したほどではなかったが）。コミュニタリアンの論者たちもこの議論に加わり、コミュニティの原型である家族の親密さは正義の名の下に行われる政治の介入によって改革されるものではないと主張した。曰く、女性は、黒人やユダヤ人のように、歴史的に隔離され、ゲットーに閉じ込められた集団ではない。彼女たちは少数派ではなく、父親であり、兄弟であり、夫であり、恋人であり、息子であり、友人である男性たちと、伝統、慣習、個人的な交渉によって形成された関係の中で――国法によって従属的で危うい地位に置かれてはいるが――生活しているのである。

国家の介入から家族を守ることは――「男の家は彼の城である（A man's home is his castle）」という格言のように――リベラルの原点とも言えるプロジェクトであると言えるかもしれない。しかし、本来、この格言は城を自宅とし、そこで王のように支配していた貴族の自己満足を捉えたものであり、その後、王のように支配することを望む男性一般の格言になったものなのである。女性の従属は城や家庭で始まり、外部ではなく家父長制の家庭で始まり、より大きな社会での差別は、家庭内で何世紀も続いてきたことの延長線上にあるという考え方をしなければならない。そうだとすれば、何らかの国家の介入がそれに対して必要な救済策となるであろう。

極端な例であるが、それを考えてみよう。一八二九年、イギリスは支配下のインド諸国で「サティ」――ヒンドゥー教徒の未亡人が夫の葬儀の火葬場で自ら焼身自殺すること――を禁止した。それ以前は、東インド会社やイギリス政府は何年もこの慣習を容認していた。それは、二〇世紀半ばの歴史家サー・パーシバル・グリフィス(3)が「ヒンドゥーとムスリムの両方の信仰を尊重し、宗教的権利の自由な行使を認めるという宣言的意図」と呼ぶ理由からであった。「自由な行使」などといわれると、これは確かにリベラルな立場に聞こえる。しかし、女性たちはしばしば男性の親族に強制されていた――私はほとんど常に強制されていたと思っているが。だから、彼女たちの生命と自由に対する権利が問題であったことは確かである。イギリスがそもそもインドにいるべきではなかったという見解には、私も同意する。しかし、イギリスはインドにいたのであり、それに対して責任を負っていた。その慣習が宗教的信念に基づくものであったとはいえ、未亡人の自殺を最終的に止めたのは正しかった。

我が国ではサティは許されないだろうが、それほど極端ではない家庭内慣習についてはどうだろうか。宗教的、文化的に不平等な扱いを受けている集団において、リベラルな民主的国家は女性の平等な扱いを主張すべきか。リベラルなフェミニストは、より広範なジェンダー関係を変革するために国家権力を行使することを支持すべきなのだろうか。

ここに至って、家族についての議論は、オーキンがその勇敢で物議をかもした論文「多文化主義は女性にとって悪か（Is Multi-Culturalism Bad for Women?）」によって開始した議論とつながる。彼女の答えは「イエス」である。多文化主義が、その最も厳格なバージョンが主張するように、宗教集団やエスニック集団の女性差別的慣習を容認、融和、擁護するものである場合は常にそうであると彼女は論じたのだ。これは、少なくともいくつかのバージョンの「差異の政治」を正確に描写しているように思える。リベラルなフェミニストはさらに歩を進め、民主的国家が異なる宗教集団やエスニック集団を容認しなければならないとしても、その実践に制限を設けなければならないとも主張する。寛

（3）サー・パーシバル・グリフィス Sir Percival Griffiths（1899-1992） イギリスのインド史研究者。軍歴の大部分をインド東部で過ごし、ベンガル語やヒンディー語、ウルドゥー語、ネパール語、サンスクリット語にも堪能であった。

容と制約のバランスをとることが、「リベラルな」という形容詞が要求することなのである。その制限とは——オーキンの言葉を借りれば——「ヒエラルキーの拒絶と個人の自由と平等への集中」である。

われわれは、女性差別の程度、および国家介入の種類を区別する必要があろう。そしてもちろん、当事者である女性たち——自分ではそう思っていないかもしれないが、われわれリベラルなフェミニストが被害者として考えている女性たち——の声にも耳を傾けなければならない。しかし、彼女たちの声が決定的なわけではない。少なくとも、完全に、そして常にではない。家父長制体制を支持する超正統派ユダヤ人女性や、支配者を賞賛するイスラームの支配下にある女性たちが「虚偽意識」——この教説はリベラルな民主主義者とリベラルなフェミニストを不快にさせる——に陥っていると思うからではない。「意識改革」は初期のフェミニズムのプロジェクトで、当事者の女性たちがお互いの宗教的信念や人生経験を尊重し合うときに最もうまく機能すると言われたことがある。リベラルなフェミニストなら特に、家父長的共同体にとどまりながらも、女性が男性の支配に対処し、忌避し、嘲笑し、抵抗する無数の方法を認識し、それを基礎とするだろう。彼女たちにはそこに留まる理由があるのだが、それは信念、伝統、連帯、安全性に関係する。しかし——ここが決定的に重要な点だが——それらの理由は、彼女の同胞市民たちが支持すべき政策や、彼女たちの住む国家が実施すべき政策を決定するには十分なものではない。

厳格な多文化主義の提唱者は、一八世紀の啓蒙主義的理想を国家権力で推進しようとする、植民地主義的で西洋化したエリートから自分たちは女性を守ろうとしているのだと主張するのが常である。この主張には一理があるが、この主張が非難するプロジェクトにも一理がある。ここで私が考えているのは国内問題としてである。というのも、リベラルなフェミニストが、国家権力や軍事力を使って世界中に啓蒙主義的な理想を強制するなどということを支持するとは思えないからである。しかし、宗教集団やエスニックな集団が——移民や難民、亡命希望者として——啓蒙主義的理想によって一般生活や政治的取り決めが形成された国に住むようになれば、そのメンバーは、ある程度、何らかの形で、彼らが見つけ出した国に適応しなければならないだろう。そう、理想は常に修正されるものであり、ニューカマーにだけではなく地元の人々にも調整が求められるのである。これらの双子のプロセスは、新たな差異の政治を生み出すだろうが、それは女性の権利を犠牲にして達成されるものではない。

リベラルな民主的国家は、女性の権利を守るためにどれだけのことを主張できるだろうか。この問いに対する私の答えは、おそらく、多くのアメリカ先住民部族がそうであるように、法律や慣習が家父長制的である先住民にも当てはまるだろう。そのメンバーは過去に征服され、虐殺され、土地を奪われたのだから、彼らに必要なのは文化的矯正ではなく、賠償である。それでも、彼らには女性を抑圧する法的、道徳的権利などない。

国家の役割は限られているが、必要でもある。特にそれがこの国の将来の市民となる若者にかかわるものである場合にはなおさらである。例えば、早婚や強制結婚を防止し、名誉の殺人[4]を殺人として扱い、家族内の少女や女性に対する残忍な行為を罰し、より極端な形態の性器切除を禁止すべきである――しかし男性の割礼が（正当に）認められていることを考えると、より軽度な形態のものは禁止されるべきではないだろう。これらはすべて、個人の権利の名の下に要求されることである。また、国家は男子生徒と女子生徒の両方の教育を主張し、別のカリキュラムを採用している私立の宗派校でも、公民とアメリカ史の教育を義務づけることができる。公立校の場合はさらに上をいく。そこでは、生徒たちに家族の歴史と家族社会学を学ばせ、さまざまな家族のあり方について学ばせることができる。この国のすべての子どもたちは、その全員が自分たちとは異なる人々と共存し、民主的な政治に参加するための準備をしなければならない。

この種の介入は文化の違いを受け入れる余地を残しているが、民主的で平等なシティズンシップは、特定の宗教集団やエスニック集団の頑健さを確かにテストする。それはそれで公平だ。そのような国家の介入に耐えられない集団は、生き残るべきでないかもしれない。それは、なかなか言いにくいことではあるが、リベラルなコミュニタリアン（そしてリベラルなユダヤ人）である私にとっては、文化の頑健性に自信があるので、言いにくいことではない。女性は常に文化的生活を維持するために大きな役割を担ってきた。そういう女性の意識が高まれば、それが必ずしもその役割を放棄することにはつながらないだろう。むしろ、彼女たちが支えている文化が新たな形で彼女たちを取り込むことになるのだから、よりいっそうの文化的生活への関与を示すことになるかもしれない。

しかし、当事者である女性たち、ここでは特に年配の女性たちが古いやり方を擁護しているとしたら、われわれはどう対応すべきだろうか。本当かどうか疑わしいが、われわれが受け入れがたいと考えていること、妻への殴打、強制外出禁止、法的に定められた男性への依存、これらはすべて基本的な家父長制体制の一部であるが、これらを彼女たちは完全に受け入れているとしてみよう。ここで注意しなければならないことがある。最近、中世のラビが書いた法的応答書をたまたま読んだ。それは妻を殴った罪で起訴された男についての法的応答書だった。「そんなことは聞いたこともない」とそのラビは書いている。彼の否定は滑稽だが、現代では明らかに間違っていると思われる行為を、その前の世代の人々がどのようにとらえていたかを考える必要がある。国家による介入は、家父長制支配がどのように受け止められているかという現実に合わせたものでなければならず、常に現実を研究する必要がある。それでも、リベラルな国家は、妻への殴打、強制外出禁止、法的男性依存を終わら

（4）名誉の殺人 honor killing　親が決めた婚姻を拒否したり、強姦を含む婚前・婚外性交渉を行なった女性、駆け落ちなど、自由恋愛をした女性やこれを幇助した女性を「家族の名誉を汚す」ものとみなして、親族が当該女性を殺害する風習。男性同性愛者にも適用されることがある。

せるために努力するだろう。

国家公務員が慎重にならざるをえないケースがひとつある。アメリカ先住民のような文化集団が征服され抑圧されてきた、あるいは現在攻撃を受けている場合、多くの女性は平等よりも連帯を、自分のジェンダーよりも虐げられし人々を——たとえ自分のジェンダーがゆえの不利益を認識していたとしても、そしてたとえば部族裁判所でその不利益を経験していたとしても——選ぶだろう。彼女らは男たちとともに、外部からの敵意や迫害に立ち向かうだろう。リベラルな民主主義の最初の対応は、迫害をやめさせ、攻撃をやめさせ、集団の社会的、経済的地位を強化することであるべきである。それがすべてうまくいくまでは、介入はおそらく制限されるべきで、支配的な立場にある男性によって加えられた最もひどい危害を防ぐことだけを目指すべきである。

家庭は神聖な場所ではない。女性や少女に対するあからさまな暴力は——必要であれば国家の官吏によって、たとえ慣習的な規範に反してでも——やめさせなければならない。しかし、リベラルなフェミニストが強く反対しながらも、リベラルな民主的国家が容認せんとする宗教的文化やエスニックな文化が要求する慣習もある。ここで私たちが議論すべき慣行は、宗教的なヒエラルキーと服装規定に関するものだ。

ローマ・カトリック教会では、女性は聖職から排除されている。正統派ユダヤ教では、女性はラビ職から排除されている。超正統派ユダヤ教徒（ハレーディー）のあいだでは、女性は宗教法の研究からも排除され、したがって共同体の法的生活におけるいかなる役割からも排除されている。彼女らは裁かれることはあっても裁くことはできず、彼女らが裁かれる宗教裁判所には、アメリカ法における一定の（限定的な）地位が与えられているのである。しかし、それでも、ここはアメリカである。教会、シナゴーグ、そして超正統派のコミュニティでさえ、少なくとも原則的には任意団体である。女性は教会を去ることができるし、実際に去っている。正教会の礼拝を去ることもできるし、実際に去っている。また、より困難ではあるが、ハレーディー世界から離脱することもできるし、そういう事例もある。同様に重要なことは、やはり原則的にはだが、彼女たちは自分の属するコミュニティのなかで組織化し、自分たちに不利な取り決めを変えるために活動することができることである。そのような活動は、ますます一般的になってきている。

このような場合の寛容には、強い手段が必要なのだろうか——例えば、カトリック教会のように、女性をトップから排除している宗教団体に、国が税金を免除しているような場合がそれである。オーキンはそうではないと考え、免税措置に反対したのだが、私はそこまで確信はない。この免税措置の資金源となっている教育活動や慈善活動に従事している女性たち（男性も含む）にアンケートを取るべきかもしれない。

アメリカや世界中の多くの宗教信者の女性は、現在、コミュニティの内部から積極的に差別に反対し、聖典のなかからジェンダー平等のための新しい論拠を探し求めている。異なる宗教にコミットすることで、彼女たちは異なるバージョンのフェミニズム、解放された女性のあり方を生み出すだろう。ひとつの方法しかないと主張するのは、リベラルにあらざるフェミニストだけである。国家は間違いなく、単一性の擁護者としてその隊列に加わるべきではない。差異は依然として価値があるが、それは女性自身によって生み出されるときに最も価値がある。彼女たちが文化的従属や宗教的従属と闘うとき、国家当局者はその闘いを可能にする民主的権利を擁護する以上のことをすべきではない。

階層的エリートに対して内部から対抗することは困難であり、危険でさえある。しかし、こうした戦いは女性たちが自分たちで勝ち取らなければならないものであり、彼女たちもそういうものの見方をしているだろう。先に私が弁護しておいた教育的介入は——この言葉が適切かどうかわからないが——公的な手助けの一例といえるかもしれない。若い女性が民主的な政治を学べば学ぶほど、宗教的なヒエラルキーが危険にさらされることになるが、それは当然といえば当然なのだ。優れた民主主義教育は、宗教的、世俗的なものを問わず、あらゆる権威主義的な仕組みを危険にさらすはずである。

市民社会には、平等主義的な政治を標榜するリベラルな組織や左翼的な組織においてでさえ、ジェンダー・ヒエラルキーが非公式なかたちで至る所に存在する。これは、一九六〇年代の学生非暴力調整委員会（ＳＮＣＣ）や民主社会のための学生同盟（ＳＤＳ）といった団体に大いにあてはまることであった――このふたつの団体は、まったく男性によってのみ運営されていた。『ディセント』誌でもまた、創刊時の編集者は男性、編集委員もほぼ全員男性、寄稿者の九〇パーセントは男性で、雑誌関係者の女性は世話役、まとめ役、各種ヘルパーだけだった。左派の政治について書く女性が少なかった――それが言い訳であった。それが、守旧派が去ることによって一変した。新しい編集者（やはりまだ男性だが）が女性寄稿者を探したところ――見よ、彼女たちはそこにいたのだ。もちろん、リベラルな社会主義者やリベラルなフェミニストばかりではなかったが、『ディセント』に書く準備が最も整っていたのは彼女たちだった。やがて彼女たちはわれわれの雑誌のページを埋め尽くし、次第に編集委員会に招かれ、さらに社会主義者寄りの女性たちを呼び込むようになったのである。

国の支援などなくても、女性を指導的地位から排除しているすべての宗教団体で、同じような変化が遅かれ早かれ起こるに違いない。カトリックや正統派ユダヤ教徒は、リベラルなユダヤ教徒がすでにそうであるように、司祭やラビになるのに十分な才能と学識を持った女性が大勢いることをいつか発見することになるだろう。

いくつかの宗教では男女ともに服装規定を設けているが、最も議論を呼ぶのは――女性自身にとっても、当該宗教に友好的であったり敵対的であったりするさまざまな種類の政治活動家にとっても――

―女性に対する規定である。この規定は、家庭の外にいる女性の自由を制限し、家庭のなかに存在する制限を強化するように考案されているように思われる。しかし、すべてのリベラルな民主主義諸国では多くの宗教信者の女性が好きなように服を着ている。例えば、フランスにおけるヘッドスカーフ禁止など、特定の衣類を禁止しようとすると、禁止されたものを着用することを選ぶ女性の数が増えるだけである――それは信仰からというより連帯感からである可能性が高い。新たな法律が作られれば作られるほど、ヘッドスカーフや体を覆うものが増えるのだ。彼女たちは、伝統的な親族、例えば母親や祖母が宗教的な規範に従った服装をしていることに共感し、その絆を主張しているのだ。あるいは、自分たちの宗教を標的にし、スティグマを貼ろうとする勢力に直面し、ムスリムとしてのアイデンティティを確認しようとしている。あるいはその両方である。

若い娘が家族から規範を尊重するよう強制されているという主張は、ある場合には真実であり、おそらく多くの場合において真実であろう。それはオーキンの多文化主義批判の核心に迫るものだ。しかし、これが国家の介入の場としてふさわしいかどうか、私は訝しく思っている。長い目で見れば、家族的な強制は公的な強制と同じように、服従よりも反抗を鼓舞する可能性が高かろう。これも女性が自分たちのために行うべき闘争である。

ただし、ムスリムの極端な形でのブルカのように、顔を覆う宗教的な服装は例外として考えなければならない。人間の社会生活は、洞窟の中で暮らしていたときから、顔を突き合わせて生きるというものであった。つまり、顔を隠すということは、徹底的な社会的排除を意味する。それはまた、女性を法的機関から隠蔽することでもある。それゆえ――旅券発行窓口、福祉機関、裁判所などの――公的な場では、素顔が要求されるのだし、それは正当なことだと思う。では、公共の場一般ではどうなのだろうか。『テヘランでロリータを読む（*Reading Lolita in Teheran*）』（2003）のなかに、著者のアーザル・ナフィーシー[(5)]が、彼女の家で個人的に密かに禁書文学を学んだ若い女性たちについて述べた素敵な一節がある。「着用を義務づけられたヴェールとコートを脱ぎ捨て、色彩がはじけるさまを見るたびに私はショックを抑えられなかった。……しだいにひとりひとりの輪郭がはっきりしてきて、だれにもまねのできないその人自身になる」〔邦訳一五頁〕。リベラルな民主主義においては、私的な場だけでなく、公的な場においても、誰もが唯一無二な自己を自由に示すことを望むだろう。それはおそらく、ブルカを禁止することではなく、女性が望むときにいつでもブルカを脱ぐことができるようにすることを意味するだろう。

学校や大学というのは、役所と同じで、顔を突き合わせて話をしなければならない場所なのかも

（5）アーザル・ナフィーシー Azar Nafisi（1948- ）　テヘラン生まれの作家・英文学者。二〇〇八年にアメリカ国籍を取得。『テヘランでロリータを読む』（河出文庫）は発売直後から評判を呼び、ニューヨークタイムズのベストセラーリストに一一七週連続で掲載され、二〇〇四年のノンフィクションブック・オブザイヤーとなった。彼女の父はテヘランの元市長。

しれない。以前、私が担当した授業で何人かの学生が顔を完全に覆っていた。授業が終わった後、一人の女性が質問してきたのだが、その女性が授業で発言した学生なのか、もしそうなら、私が覚えている発言のどれが彼女からのものなのかが分からず、狼狽したことがある。教師が学生の声を聞き分けることを学べば、あるいは全員が名札をつけるか、話すたびに自己紹介することを義務づければそれでいいということも考えられる。それでも、ブルカを着用すると、人と接触するのが難しくなる――顔を隠すということの狙いは間違いなくこの点にある。会話をしやすくする――ただそれだけの――ために、目、鼻、口を露出させること（ナフィーシーがイランでやろうとしたのはまさにこれだった）を主張するのは正しいことかもしれない。このことは、子どもを教育することに同意している（あるいは要求されている）宗教的少数派に求める正当な譲歩のように私には思える。少なくとも、ある場面では、われわれはお互いに誰が誰なのか認識しあう必要があるのだ。

あるとき、一〇代の孫娘が妻にこう言った。「おばあちゃん、これ（男性と女性）は二項対立ではなく、連続体なんだよ」。もちろん、彼女の言うとおりだ。私は女性と少女について論じてきたが、それが話のすべてではない。もしかしたらメインストーリーですらないかもしれない。男性と女性という本質主義的な概念に対するフェミニストの批判は、歓迎すべき多元的な効果をもたらした。この批判は、連続体の両端にまとめられていないすべての人々にとって、特に解放的なものだった。ＬＧＢ

TQ（この後もさらに別の大文字が追加されよう）という複数の大文字が示すように、両端のあいだの空間はわれわれの多くが思っていたよりも広かったのだ。異性愛規範を否定する見解のなかには、男性や女性を自認するわれわれにとって、解放されたとは感じられないものもある。われわれは二項対立を演じていたかもしれないが、だからといって、それを不寛容に主張していたわけではない。リベラルなフェミニストは、すべての「普通の」人々が定義上不寛容であるなどとは主張しないし、そう決めつけはしないだろう。いずれにせよ、連続体であることが認識された以上、その連続体上に位置するすべての人の生活を可能にすることが重要である。

その可能性を広げるには、ノン・シスジェンダー集団〈性自認と生まれ持った性別が一致していない人〉の生活を不可能にするような、一部の宗教団体が支持する法律に反対する政治運動が必要である。ゲイやレズビアンの人の多くが、彼らを歓迎しないような宗教的コミュニティの一員である場合に、多文化主義は彼らにとって間違いなく悪である。同性婚を可能にするためには国家の行動が必要であり、雇用における同性愛者への差別を禁止することは依然として必要である。リベラルなキリスト教徒とユダヤ教徒はこれらの介入を支持したが、正統派や原理主義的な信者の多くは激しく反対し——右翼の政治家は彼らの反対を利用している。

これらの問題は特にフェミニスト的な問題ではなく——すべての人が関わるべきものである。しかし、フェミニストの理論家たちは、セクシュアリティのあらゆる側面について議論を始め、その役割は中心的なものであり続けている。彼女らは、トランスジェンダー（LGBTQのT）の人――連続体の一方の端かその近くにいるのに、もう一方の端かその近くに属していると信じている少年少女、男性と女性――に関する現在の法的、政治的議論に強く関与しているのである。移動すること、一方の端から他方の端まで移動することですらそれは可能だが、その途上には障害がある。おそらく最も克服が難しいのは（そして私が考える唯一のものは）、「ノーマルの」人々が当惑することを恐れて、トランスの人々が自分の選んだトイレを使うことを多くの公的・私的機関が一概に拒否することであろう。リベラルなフェミニスト、およそリベラルな人であるなら、もうひとつドアを作るというちょっとした建築的改良を施すだけでこの問題は簡単に解決できると思っている。国家の行動と民間のイニシアティブが一緒になれば、簡単でリベラルな目的、誰も辱めを受けずすべての人が快適で安心できるという目的を容易に達成することができるだろう。

国家権力の行使はリベラルがもっぱら気にかける懸案事項なので、女性差別的な（あるいはその他の不寛容な）慣行を容認したり、禁止、ないしは改革しようとする国家の役割に私はほぼ全面的に焦点を合わせてきた。強制的な行動が正当化されるのはどのような場合か。リベラルはいつ自制すべきなのか。私はこれまで、あらゆる形態の性的従属を排除する一方で、差異の政治に余地を残すことを目的としたソフトな多文化主義を擁護してきた。より正確には、国家の行動が何かを改善しようとするものである限り、多文化主義が女性にとって（あるいは連続体のどこの誰にとっても）悪いものでないことを確認することが目的であった。

自らを守る女性たちは、最近になってやっと市民社会の力を解き放った。MeToo運動は、自分たちが雇用している女性に嫌がらせや虐待をする権利があると考える男性に対して、公的非難や辱め、排斥、追放を武器にしようとするものである。耐えがたい行為の範囲は広い。権力的地位にある者が自分のお気に入り服装規程――ハイヒールと短いスカート――を押し付けること、女性の外見に淫らな発言をすること、近親者のように女性に触れること、昇進が性的応諾にかかっているとほのめかすこと、「出張」に同行を促すこと、女性に暴行したり、レイプしたりすることなどがそれである。これに対して国家が介入するのは最後の最後であり、常に熱意と断固たる決意をもって臨むとは限らない。しかし、女性たちは、公的証言や自分たちの経験の記述といった非公式な武器が非常に有効であることを発見している。その結果、要職にあった一部の者は、当然のことであるが、仕事、影響力、評判を失った。自らの行動を改めた者もいる。

この点に問題もある。市民社会は厳正な処罰を下すのに最適な場所ではないかもしれない。実際、犯罪に見合う処罰を与えようとするいかなる努力にも抵抗してきた女性たちもいる。また、悔い改めて更生しようとする男性を許そうという気もないようだ。MeToo運動には、リベラルなバージョンとリベラルにあらざるバージョンがある。私はその問題点を認識している。確かに、原則的な区別をすることは重要である。男性の行動は、たとえ悪い行動であっても、すべてが同じくらい悪いわけではない。さまざまな行動に対する正しい対応がわからず、私がある女性の友人に助けを求めたところ、彼女は次のようなリストを提案してくれた。裁判にかけられるべきならず者、経済的、政治的に制裁を与えられるべき者、社会的に制裁を与えられるべき者、ならず者というより不気味なだけで、ただぶっ飛ばせばいいだけの者。リベラルなフェミニストなら、これらの違いを見分けることができるだろう。

第七章　リベラルな教授とリベラルな知識人

教授や知識人は仕事、ないしは職業を持っているが、特定のイデオロギーや信条の持ち主というわけではない。しかし「リベラルな」という形容詞は私がここで書こうとしている人たちに――あるときは単なる描写として、あるときは憧れとして、またあるときは批判として――容易に当てはまるものである。かつて、専門化の時代以前は、教授やここでわれわれが知識人と呼ぶ人たちは、言葉の最も古い意味でリベラルな人たちであった（あるいは自分のことをそう思っていた）。彼らは、余暇を持つ男性であり、まれに女性であった。「余暇とは怠惰を意味するのではない」とT・H・マーシャル[1]はプロフェッショナリズムに関するエッセイで書いている。「それは、自分の選好と、何がベスト

（1）トマス・ハンフリー・マーシャル T. H. Marshall（1893-1981） イギリスの社会学者でシティズンシップ研

かという基準に従って、自分の活動を選択する自由を意味する」。だから、昔の大学の教授たちやしばしば貴族をパトロンとする、定職を持たない学者たちは、リベラルアーツの教養を育成しながら、私がかつて魅力的かつ前近代的と指摘した自由主義の基準に従った。しかし、もはや余暇は学問や知的生活を特徴づけるものではない。われわれの大学での仕事には、おそらく他の仕事と同じようにプレッシャーがある。非常勤講師、臨時の補充教員、パートタイム教員として雇用される人々にとって、ジェントルマンやジェントルウーマンの学者生活は、憂鬱なファンタジーである。同様に、政治誌の執筆や編集をするフリーランスの知識人は、せいぜいのところ微々たる収入しか得られない。それでも、このふたつのグループの仕事は、リベラルになされることもあれば、リベラルにあらざるやり方でなされることもある。

教授のなかには知識人でもある人がいる。ルイス・コーザーは大学の知識人を「自分の専門外の本を読む人」と定義している。私は自分の専門分野に固執する教授も含め、より一般的な教授を扱いたいが、まずは思索的科目と呼ばれるものを教える教授を取り上げることにしたい。そこでは道徳的、政治的、あるいは科学的な考えが議論され、意見の対立が絶えず、「知性」が招き寄せられるのである。教授たちが教えることのできるこれらの科目では、学生たちの思索が奨励されたり抑制されたり、議論や反論が喚起されたり抑圧されたりする。教えるということは選択を伴うものであり、教授たちは何を選択したかによってテストされる。

私は長年、政治理論を教えてきたが、この科目は古典古代の時代から論争が絶えなかった科目である。理論家のなかには、特定の立場に立つことなく論争を記述する人もいる。彼らはまさに思想史家である。しかし、理論家には何らかの立場をとることが許されている。われわれには、特定のイデオロギーや政治体制を擁護するライセンスがあるのだ。私は「社会主義」という題目の講座を教えたことがあるが、それは——社会主義がどのように生まれ、誰が最初にそれを唱え、どのように受け入れられたかという——教義の歴史的説明ではなく、むしろ（本書の第三章で展開した）社会主義のひとつのバージョンを擁護するものだった。私はリベラルな教授だから、ひとつの制約のもとで、できる限りの説明をした。私は学生たちに、私自身の立場に対する最も強い反論を紹介すると警告したのである。これは、党大会や政治集会でやるようなことではない。それは政治的な義務ではなく、職業上の義務なのだ。

授業中に批判的な質問をしたり、教授が熱心に公言する意見にあえて反論したりしたところ、無知、幼稚、偏屈と嘲笑されたり非難されたりして、動揺し、泣きながら教務課にやってきた学生の話

究の先駆け。一八世紀から二〇世紀にかけて市民的権利から政治的権利、さらには社会的権利へとシティズンシップが発展してきたとし、「社会権」という概念の導入に貢献した。主著『シティズンシップと社会階級』（法律文化社）。

を大学の職員から聞かされたことがある。このような話に登場するのは、独善的でイデオロギー的に確信犯的な左派の教授であることが多い。しかし、より一般的な教授も、そうとは思われずに独断的で不寛容であることがある。なぜなら、彼らは単に「誰もが知っていること」を語っているだけだからだ。マルクスは、支配階級の思想がどの時代にも支配的思想であると書いている（前掲『ドイツ・イデオロギー』、六六頁）。これは完全に正しいというわけではない。われわれの支配者は通常、一片の聡明な思想なども持ってはいない。しかし、大学教授は持っている。そして、学問の世界で、ついで世界で最も定着しやすい思想は、あるがままの事物や存在する権力を説明し、正当化するものである。そのような思想を、あたかも議論の余地がないかのように教えるのは簡単なことだ。逆にそれらに挑戦する教授が論争を生むのである。リベラルな教授は、正しい（既存の教説に反抗する《アンチエスタブリシュメント》）イデオロギー的立場を認識するだけでなく、その議論に加わるよう学生を誘う者である。

　一九六〇年代に、一部の教授たち、それも専門外の本を読むような教授たちは、徴兵制やベトナム戦争のような問題について、学部に対して組織としての立場をとるように促した。私は、学問の自由の問題など、アカデミック・コミュニティに直接影響を与える問題だけが、学部としての立場を取るにふさわしい問題だと考えていた。それ以外の場合は、個人として、市民として発言し、声明文に署名するのであって、どこの大学に所属しているかは「個人を識別するだけのために」記入すべきだと主張したのである。われわれは、終身雇用権を持っていない教員や弱い立場の大学院生に、何らかのイデオロギー的基準に従わなければならないと思わせるような行動を決してとってはならない。学部は政治的な組織ではないからである。

これに関しては歴史的な有名な例があるが、その先例は別のことを示唆している。一六世紀末、サラマンカ大学の教授たちは、スペインによる中央アメリカの征服は自然法に反するものであると議決した。一流知識人(当時、この言葉はまだなかったが)であったサミュエル・ジョンソン(2)は、〔約二〇〇年後に〕これを大学の歴史における偉大な瞬間と考えた。「私はサラマンカ大学を愛している。スペイン人がアメリカ征服の合法性に疑問を抱いていたとき、サラマンカ大学はそれが違法であると意見を述べたからだ」。彼は、「非常に感情的になって」そう語ったと〔『サミュエル・ジョンソン伝』の著者〕ボズウェルは報告している。もちろん彼は正しかった——学部の議決は批判しがたい——しかし、この崇高な決断は、サラマンカの教授陣が神学界の反体制派を排除した団体を構成していたからこそ可能だったのである。スペインのカトリックは一六世紀になっても、それが自然法に従っている

(2) サミュエル・ジョンソン Samuel Johnson (1709-1784) 一八世紀のイギリスにおいて「文壇の大御所」とまで呼ばれた文学者。主著に『英語辞典』、『シェイクスピア全集』がある。弟子のボズウェルによる『サミュエル・ジョンソン伝』(みすず書房)は人物伝の古典名著とされている。

ことを疑うことなく異端者を火刑に処していたのである。征服を非難した教授たちは勇者ではあったが、リベラルな教授たちではなかった。

流行は政治的、学術的（そして知的）な生活の特徴であると同時に、定期的に新しい服装スタイルを生み出す衣料品業界の特徴でもある。革命的な政治、啓蒙の哲学、そしてサン・キュロットという（政治・思想・行動の）三つが合体することもある。もっと多いのは、新しくエキサイティングな教説が突然流行りだしたり、真実を明らかにすると保証されている研究方法が不意に登場したりすることだ。また、カリスマ的な教師が情熱的な弟子たちに秘伝を伝授することもある。ある主要な政治理論の学術誌に論文を投稿するにあたって、ジョルジョ・アガンベン(3)に言及した脚注が四つ以上ないと出版できなかった時代もあったことを私は思い出す（もちろん誇張だが、そんな感じだった）。そして、突然、アガンベンはいなくなった。

最新の学術的流行の擁護者たちは、社会主義の前衛の理論家たちとどこか似たところがある。彼らは真の教説を手にしているのだ——たとえ、ポストモダンの教授たちのように、彼らが主張する本質的な真実が、第一に、真実など存在しないこと、第二に、本質主義こそが最大の知的罪であることであってもである。一九五〇年代にさかのぼると、統計データの収集と分析という形をとった実証主義が（最高裁の判決についても）真に科学的な政治の科学を生み出す唯一の方法であると、多くの教師や同僚が考えていた。最近では、合理的選択理論が前衛的な教説だとされている。私は両方の存在価値を認めるが、どちらに対してもそれが独占的な価値を持つとは思っていない。学部の政治は、しばしば、最も進んだ（つまり、最も新しい）教説の提唱者たちが学科の主導権を掌握し、自分たちのような人間だけを採用しようと懸命になることを中心に展開されている。その教説が左派的である場合、それは国家を掌握することができないことの穏当な腹いせである。しかし、どのような場合でも、その努力はリベラルにあらざるものである。ほとんどすべての学問分野において、意見の対立が長く続いてきた歴史があることを考えれば、「リベラルな」という形容詞にふさわしい学科は、多元的で包括的なものになるだろう。

私は、頭の良い人は、どのような哲学的、方法論的パラダイムの内部でも、特にそのパラダイムをある程度懐疑的に捉えていれば、良い仕事をすることができると確信している。いや、そうでない場合ですら、良い仕事ができるのだろう。〔対立していた〕中世の実在論者と名辞論者は同様に良い仕事を成し遂げたし、支配的な神学体系の内部で活動する学者も外部で活動する学者も、あるいは自

（3）ジョルジョ・アガンベン Giorgio Agamben（1942- ） 現代イタリアを代表する哲学者。主著『ホモ・サケル』（以文社）を嚆矢とする四部構成からなる「ホモ・サケル・プロジェクト」の書物が現在までに九冊刊行され、現代思想では最も影響力のある思想家のひとりである。

由放任主義の経済学者とマルクス主義者も同様に良い仕事をしたのだ。一方、権力者に追従する学者は、その権力者が誰であれ、自分たちの学問を妥協させたり、貶めたりする。

リベラルな教授、そのなかでも特に知識人は、相容れないと思われるパラダイムを組み合わせることもある。これは非常に古くから行われていることだが、専門分化が進んでいる今日においては、稀なものになってしまった。トマス・アクィナスはギリシャ哲学とキリスト教神学を結びつけた。マイモニデスはユダヤ教をアリストテレス的に解釈した。また、現代の例として――調査研究《サーヴェイ・リサーチ》に細心の注意を払う政治哲学者や、オックスフォード大学の分析哲学者から多くのことを学ぶドイツの批判理論家もいる。混ぜ合わせるのは良い。それは流行や正統派の力を弱め、リベラルな教授陣に――リベラルな教授らしく振る舞うための余地を与えてくれるのだ。

ニューヨークのシティカレッジで哲学を教えていたモーリス・ラファエル・コーエンはソクラテス・メソッドで授業を行うことで有名だった。彼は講義を嫌い、こう語っていた。「どんなに批判的な人間でも、教室の前に立って、知ったかぶり発言を控えることはできない」。コーエンはその最たる者だったが、リベラルな教授は自分の知っていることだけを言うふりをするのではなく、自分の知識の範囲を超えていること――それが間違いなく、自分が確信をもって知っていることを超えていること――を認めることによって、自己を定義するのである。

自分の知っている以上のことを語るのは危険なことであるから、リベラルな教授は、学問の自由を支持するだろう。その主な受益者がリベラルにあらざる教授たちであることが多いとしてもである。しかし、この自由やその他の自由が絶対的なものであるとは考えないだろう。物理学科では、ある日突然、地球は平らであると結論づけた教授を解雇することができる。大学の地質学者や生物学者は、世界とそこに住むすべての生物は六〇〇〇年弱前に創造されたとすべての授業で主張している同僚を解雇することができる。ホロコーストが起こったことを否定する歴史学の教授は大学で教えるべきではない——しかし、地球平坦説論者や創造論者と同じように、一市民として好きなことを言うことはできる。

宗教団体が経営母体となっている大学が、宗教の自由を学問の自由に優先させ、異端の教授を解雇することをわれわれは容認する。しかし、州立大学は州の役人や政策、あるいは州の憲法を批判する教授を解雇することはできない。政治理論家は、私が社会主義を擁護したように、君主政を擁護する自由がある。しかし、ナチズムや人種差別についてはどうだろうか。ハードケースは限界事例にすぎず、リベラルな教授たちは学問の自由の名の下に全力を尽くす傾向があるのだ。

次の二つのケースを考えてみよう（これは架空の話だが、実際のものからそれほど隔たっていない）。ここに、知能と知能検査に関する標準的な授業を標準的な方法で行っている教授がいるとする。彼はしたり顔で人種的平等について語りつつ、自分のウェブサイトに人種差別的な暴言を書き込んでいる。そしてもう一人、ナショナリズムの講義を担当する教授がいるとする。彼女はシオニズムについては苛烈に批判するのだが、他のナショナリズムのイデオロギーについては一切批判せず、昔ながらの反ユダヤ主義の文言をツィッターに書き込んでいる。どちらの場合も、同僚たちは学問の自由を支持して堂々と、あるいは多分、体操選手のように背筋をピンと伸ばして、彼らに終身雇用権を与える票を投じるのだ。結局のところ、彼らは頭が良く、論文を発表し、教室でのあからさまに有害な洗脳を避けているからである。その後、管理職が介入し、教授陣の決定を覆し、終身雇用権授与を拒否する。たとえ課外での執筆活動であっても、人種差別や反ユダヤ主義の超えてはならない一線を越えてしまった教授から学生を守るためだと主張しつつである。直ちに、学問の自由を擁護し、この二人、それぞれの終身雇用権を支持するキャンペーンが全国的に展開される事態に発展する。

私はこのキャンペーンに参加するかもしれないし、しないかもしれない。その判断は、教授たちの授業中の行動をよく観察することに依存している。もし、授業中に意見の合わない学生に嫌がらせをしたり、成績を下げたり、推薦状を書くのを拒んだりするならば、彼らは終身雇用権を得るべきではないだろう。もし彼らが自分の学問的テーマに固執し、自分の抱く幻想を事実として提示しないのであれば、もし彼らが公言するだけの教授であるならば、あなたや私が彼らの公言に同意しようと反対しようと、彼らは他の候補者と同じに扱われるべき候補者なのだ。彼らは、われわれ全員を保護する原則によって守られているのである。

しかし、ここではもうひとつの問題、つまり学部の責任に関わる問題が絡んでくる。どちらの架空のケースでも、教員は雇用候補者が提出した書類をすべて読み、外部評価を求め、教員間で議論し、投票した。なかには、論争を避けるために、あるいは管理職に助けられることを期待して、終身雇用権を与えることに賛成した者もいただろう。私は、流れに身を任せた者が救われる必要はないと思う。学部構成員の判断は尊重されるべきであり、彼らの投票は重要である。もし、人種差別主義者や反ユダヤ主義者を引き留めるという誤った決断をしたのであれば、彼らはその同僚を選んだまま残りの学問人生を生きなければならないはずである。例外がありうることは認めるが、これが一般的なルールであるべきである。おそらく次回は、教授たちは投票する前にもっとよく考えるようになるだろう。学生たちに関していうなら、彼らは多分、偏見を見抜くのに十分なほど賢いか、それを無視できるほど鈍感だろう。いずれにせよ、彼らには大学管理職の保護は必要ない。

近年、教授は学生を怒らせるようなことを言ってはいけないと言われるようになった。この奇妙な禁止命令には、もっともな起源がある——人種差別の撤廃されたアメリカの大学に大勢の黒人学生が入学し、旧態依然たる教授会の無頓着な人種差別に遭遇したときである。多くの学生が憤慨し、怒りをあらわにしたが、それはまさに正しい反応であった。しかし、われわれの感傷的な文化のなかで、なぜか怒りは、慰めを求める声、「私は辱めを受け、侮辱され、私の気持ちは傷ついた」に変わってしまった。

これは、多くの学生が学ぶことができる慰めの声だ。何年か前、近くの大学のユダヤ人学生のグループが私のところにやってきて、次のように訴えてきた。顧問の教授たち（リベラルな教授たちかもしれないが）の支援を受けた黒人学生協会が、反ユダヤ主義で有名なルイス・ファラカン(4)を招き、キャンパスで講演をさせたというのだ。ユダヤ人学生たちは辱めを受け、傷ついた。どうしたらいいでしょうという相談だった。私は彼らにこう言った。ファラカンの招聘は政治的な行為であり、政治的な方法で対応する必要がある――怒りと議論、そして和解を組み合わせて。慰められるのではなく、尊敬されることを求めなければならない。

奨励される感受性は、ますます敏感なものになっている。最近のことだが、ある大学の教授が歴史の授業で、一五世紀から一六世紀にかけて世界的な商業の拡大がもたらしたプラス面はマイナス面を上回ったかと質問した事例を考えてみよう。マイナス面には奴隷貿易の拡大も含まれるため、政治的に正しい答え《ポリティカリー・コレクト》は明らかであり、これを問題にしたことで一部の学生が「辱めを受けた」と大学当局に苦情が寄せられたのである。オンライン雑誌『パースェージョン』の最近の記事によると、当局はこの教授を「偏見と差別、ハラスメント」で有罪としたそうだ。

このようなことはまだそれほど広まってはいないが、間違いなくアメリカの高等教育ではあまりにもふつうのことである。講義は中止され、講演者には罵声が浴びせられ、教授は叱責され懲戒処分を受け、学生は仲間から嫌がらせを受ける——すべて「耳障りな」意見のためである。リベラルな教授たちのなかには、その都度抗議する者もいるが、他の多くの者たちは、自分が標的になるようなことを言うまいとして、身を隠し、自己検閲しているのである。教授たちは同僚や学生たちに、自分の信念や既成の意見に日常的に疑問を投げかける場が学府であり、またそのプロセスが教育なのであって——時にはその挑戦に傷つけられることもあると伝える必要があるのだ。学生の一人が、奴隷貿易の道徳的な酷さを過小評価していると考えている教授に対して、どのように対応するのが正しかっただろうか。それは、慎重に調査し、強力な主張を展開し、その酷さを正しく理解したペーパーを書くことである。議論に参加することが求められるのであり、それを抑圧しようとしないことである。

生徒を怒らせるべきか、怒らせてはならないか、挑戦させるべきか、挑戦させるべきではないか

（4）ルイス・ファラカン Louis Farrakhan（1933- ）アメリカの黒人ムスリム指導者。マルコムXに誘われてネーション・オブ・イスラムに加盟、シカゴを拠点に強硬派をまとめて同団体の指導者となる。黒人の自立を唱える黒人至上主義者であり、反ユダヤ主義の陰謀論者でもあって、ヒトラーを「非常に偉大な人物」と繰り返し称賛した。一九九六年にカダフィ人権賞受賞。二〇一九年にはフェイスブックからアカウント閉鎖処分を受けている。

といった議論は、今や高校にまで及んでいる。実は、このような議論はずっと以前から高校で始まっていた。教室での祈りの位置や進化論の教え方など、まさに指導の際の言語が争点になっていたのである。しかし、高校では、大学教育とは異なり、強制的なやり方で教育が行われるため、議論は異なっていた。例えば公民科目は必修であり、教科書やその他の書籍は選挙で選ばれた公職者たちが選択している（ペンシルバニア州議会は確か、私が九年生時にベン・フランクリンの『自伝』を読むよう要求した）。この公職者たちは、おそらく、アメリカの歴史や政治について、自分たちの考えを反映させた教科書を選ぶのだろう――この二科目は、今、激論にさらされている科目である。

教科書は教授たちによって書かれるものであり、われわれが期待できるのは、教師が独自のイニシアチブをとる余地を与えられ、生徒が批判的に考えるよう促すような本を、リベラルな教授たちが書くことである。州議会や教育委員会は教科書を選ぶことができる。彼らは選挙民のために行動する公務員であるが、政治的洗脳を目指してはならないし、教師の教え方を検閲しようとしてはならないのである。第二章で論じたように、公教育は民主政治にとって決定的に重要であり、プロの教師はその担い手である。彼らは必須科目と必須書籍を教えるかもしれないが、どのように教えるかは（礼節と平等な尊敬の範囲内で）彼ら自身の判断によるものである。教室では彼らは教授と同じだ。学問の自由は彼らが行う仕事にも必要である。もし彼らが語る真実が検閲されるなら、真実を語るとはどういうことなのか教えることはできない。高校の授業は、自由に話せる場でなければならないのである。リベラルな教師は、十代の生徒の探究心を抑圧することなく、学習を可能にする規律を課す方法を知っているはずである。選挙で選ばれた公職者たちは、探究心を妨げるようなことをしてはならない。

リベラルな教授は、学生を若年成人《ヤング・アダルト》として扱うべきである。同じように重要なのは、若い同僚——つまり大学のヒエラルキーの底辺にいる仲間——にどう接するかである。年齢、大学での勤務実績、学問的業績に基づいて組織されているのであれば、ヒエラルキーは正当化されるであろう。しかし、それが完全にそのように行われたことはなかったし、今日も間違いなくそうではない。大学は、学問のプロレタリアートを輩出し続けており、その構成員にはヒエラルキーの階段を上るチャンスがない、あるいはほとんどないのである。後輩教員たちは重い授業負担を負い、しばしば複数の大学で非常勤講師をし、シニアの教授が無視するような学生を相手に仕事をし——それについて何の評価も受けないのである。余暇はほとんどなく、福利厚生も不十分で、何の保証もないため、自分の研究をする時間もエネルギーもない。

このような状況を考えると、リベラルな教授はリベラルな社会主義者になり、自分たちの職場世界において貧しい人々や抑圧された人々を守らなければならないと言いたくもなる。彼らは同僚関係のパルチザンであるべきなのだ。彼らの学科は、地域のヒエラルキー上部に位置する、エスタブリッシュメントの教授たちが学科に関わる共通の仕事を十分に分担し、他の教授たちが自分の分担以上の仕事を負わされないようにし、そのために十分な報酬を受け——そしてもちろん、自分自身の考えに従って仕事をすることが許される場所であるべきである。プロレタリアートの学問の自由は、少なくとも教授の学問の自由と同じくらい重要でなければならない。

学問のプロレタリアートを支える教授とは、授業での意見の相違を奨励し、流行の正統派に抵抗し、知的パラダイムを混ぜ合わせ、人事に関する決定に責任を持ち、互いの学問の自由を擁護しあう教授と同じ人物なのだろうか。おそらくそうではないだろう。リベラルな（そしてリベラルにあらざる）教授には、さまざまなあり方がある。

教授のなかには知識人もいるし、ここ数十年、多くの知識人が、学問の世界に入ることでしか生計を立てられないことに気づいている。しかし歴史的には、インテリゲンチャの構成員は、誇りを持って独立し、組織からの給与を受け取らず、独立独歩してきた。かつての知識人は、時には裕福なパトロンと、時には、はるかにそれより多いケースだがパトロンなしで、社会の片隅で、あるいは亡命者となり、小さな雑誌や地下新聞に執筆し、数冊以上売れる本を作りたいと願いながら、知恵を絞って生きていた。しかし、真の知識人の特徴は、その貧しさではなく、イニャツィオ・シローネ〔第三章訳注（4）参照〕が言うところの「批判的意識」を持つことにある。彼らは疑り深い目で、あるいは少なくとも独立した目で世界を眺める。彼らは時の権力者に何の借りもない。彼らは、ほとんど職業的に、社会批評家なのだ。私自身の政治的偏愛を顧みず大急ぎで言っておくと、彼らは必ずしも左翼的な批評家ではない。保守的な批評には長い伝統がある。流行や新しいものには何でも反対し、大衆文化や民主主義を詐称するデマゴギーを嫌い、ヒエラルキーを強く擁護し、権威を尊重する、そういう伝統である。ちょっとしたアイロニーのスパイスが効いたこれらすべてが、独立した、そして時には、リベラルでもある知識人の仕事となりうるのである。

左派と右派の双方において、独立性と周縁性が一種の不安定さを生み出している。知識人は転向し、そのうちの何人かはむしろあまりにも頻繁に転向し、あるいは政治的パルチザンになり、自分がパルチザンであることに無頓着になる。だから、知識人の批判には知識人への批判が続くのである。二〇世紀の政治に関するふたつの古典的なテキストは、これらの活動のうち第二のものを示している。ジュリアン・バンダの『知識人の裏切り』(一九二七年)とチェスワフ・ミウォシュの『囚われの魂』(一九五三年)である。この二人の作家はともにリベラルな知識人であり、知性の政治化と批判的独立性の喪失に反対する著作を書いた。バンダは、普遍的な真理という啓蒙主義の理想を擁護し、自らを「政治的憎悪の知的組織化の時代」における反体制者だと考えている。人種差別、ウルトラ・ナショナリズム、イデオロギー的熱狂――これらはすべて知的職業に対する背信である。バンダの代替案は「無関心」であったが、それはあらゆる政治的コミットメントを排除するという意味ではなく、道徳的判断を妨げたり、妥協させたりするものだけを排除するという意味であろうと私は思う。

ミウォシュは、共産主義国ポーランドから亡命して間もない頃、この本を書いたが、その目的は、多くのポーランド人知識人が、一九四五年以前は何であれ、その後、スターリン体制の断固とした、体制順応的なパルチザンに変貌したことを説明することである。この転向は強制と臆病さだけの問題ではなかった。ミウォシュは、一見賢そうな人々が自分自身を騙してイデオロギーに服従させられていってしまう方法のカタログを提案しているのである。読者のなかには、この本がスターリニストの知識人に甘すぎると思った人もいたようだ。ミウォシュが実際に書いたのは、イデオロギーの虜となった特定の人の心ではなく、人をイデオロギーの虜とすることそのものに対するその残忍さの告発である。この本はそれなりのやり方で、反体制を訴えるものでもある。

バンダとミウォシュは、知的生活のあるべき姿を私たちに教えてくれている。それを称揚する意味で、そのような生き方を示すいくつかの知識人グループとその代表的なメンバーの名前を挙げてみよう。

- フランスの哲学者、啓蒙主義者、なかでも『百科全書』を編集したドゥニ・ディドロは、個人的に私の大のお気に入りである
- 一九世紀ロシアのインテリゲンチャ、その最大の代表はアレクサンドル・ゲルツェンで、人生の

ほとんどを亡命先で過ごした

・ニューイングランド・ルネッサンスの作家たち、なかでもヘンリー・デイヴィッド・ソローは反体制者であった

・一八四八年のクエーカー教主催によるセネカ・フォールズ会議の女性たち。その代表的主催者の一人であるエリザベス・キャディ・スタントンは、非クエーカー教徒で、優れた政治運動家であった。

・アメリカの奴隷制廃止論者たち。フレデリック・ダグラスを筆頭に、勇敢な人々の長大なリストがあげられる

・イギリスのフェビアン協会、なかでもソ連に行き、それに心を奪われる以前のシドニーとベアトリスのウェッブ夫妻

・ハーレム・ルネッサンスの詩人や小説家たち、なかでもラングストン・ヒューズは、私が幼い頃からの愛読書

・イタリアの反ファシスト、「正義と自由」グループのメンバーで、そのリーダーはカルロ・ロッセッリだった

・ニューヨークのユダヤ系知識人、雑誌の寄稿者たち。そのなかには、素晴らしい雑誌『ポリティックス』の編集者であるドワイト・マクドナルドのような非ユダヤ人も数人含まれていた

・ネオコンの知識人たちもほとんどがユダヤ人であり、その保守主義は、ダニエル・ベルなどの論者による社会民主主義的な懸念で和らげられつつも強力に主張され、その第二世代には粘り強いネバー・トランパー〔トランプ反対派〕がいる

ユダヤ系ニューヨーカーの一人で、ネオコンを厳しく批判したアーヴィン・ハウは、真の知識人の精神について、決して囚われの魂ではなく「コミットしてはいるが冷静で、独り立ちできる精神、好奇心、(そして)懐疑心」であると非常にうまく表現している。ハウはこう続ける。「批判的独立の旗印は、それがぼろぼろになり破れてしまったとしても、われわれが持っている最高のものである」。私は、大学教授もその旗を掲げることができると思うが、それは特にリベラルな知識人のものである。

第八章　リベラルなユダヤ人

ユダヤ人の歴史において非常に長い間、特徴的であったのは多元主義である。国家も、領土という基盤も、教会的ヒエラルキー組織もない亡命ユダヤ人は、極度に分散化され、ディアスポラの各コミュニティは、少なくとも異邦人の支配者から自治が認めている限りにおいて、自治を執り行っていた。ある意味で、ユダヤ教は、プロテスタントの宗教改革によってキリスト教の半分が会衆制を組織原理とするようになるずっと以前から会衆的であった。ディアスポラでは、習慣や儀礼の違いが一般的であった。しかし、近代になるまで、ユダヤ人は自分たちの一体性を信じていた。クネセト・イエスラエル(1)というイスラエルのコミュニティは、神学的な正統と想定されるもの、あるいは儀礼の正統

(1) クネセト・イエスラエル Knesset Yisrel クネセトは今日ではイスラエルの一院制議会を指す言葉である

性によって定義される特異な存在であった。カライ派[2]のような反体制派は脇へ追いやられ、あるいは追放された。メシアを気取る者たちによる、カルト的な集団のなかには残存したものもあったが、たいていは短命だった。このように、どの時期をとってもユダヤ人としてのあり方は実際、様々だったが、ユダヤ人をリベラルなユダヤ人にするところの差異の承認と評価はほとんどありえない状態だった。

一九世紀に改革派ユダヤ教徒や世俗的ユダヤ人が登場したのは、まったく新しいことであった。ユダヤ教が分派宗派を持つ宗教となったのは極めて突然のことであり、それと同様に西洋におけるユダヤ人解放によって、多くのユダヤ人が宗派を捨て、無宗教で律法を遵守しないユダヤ人となり、単にユダヤという民族の一員であると認識することが可能になったのである。ユダヤ教徒のあいだでは、「通うべきシナゴーグと足を踏み入れてはならないシナゴーグの二つを必要とするユダヤ人」というジョークに代表されるように、多元主義が新たな形で展開されるようになった。このユダヤ人には「リベラルな」という形容詞は似つかわしくないが、複数性は、たとえ争いがあったとしても、自由主義への道を開くものである――それは誰がユダヤ人で誰が「本物の」ユダヤ人でないかという、リベラルなユダヤ人なら避けたがるような論争にも道を開いたのであるが。

ユダヤ人とは誰かという問いには、古代にその先例がある。キリスト教に強制改宗させられたユダヤ教徒がユダヤ人社会への復帰を望んだときがそれである。その場合、二度目の改宗に正式な儀式が必要だったのだろうか、それとも彼らはずっとユダヤ人のままだったのだろうか。古代の格言にあるように、罪を犯すユダヤ人もそれでもまだユダヤ人なのだろうか。この疑問に対する答えはさまざまで、それはおそらく来るべき多元主義の兆候だろう。今日、この昔ながらの問いは、イスラエル国家の誕生とディアスポラでの分派傾向によって、新たな形で再び問われている。現在、問題になっているのは、ユダヤ教徒の多元主義と近代的で形式的には世俗的ユダヤ人国家との「相性」である。アメリカではこの問題はそれほど難しくない。

イスラエルは、世界中のどこからでも戻って来たい、あるいは戻って来なければならないユダヤ人のための避難所であるとされている。この避難所は、一九五〇年に帰還法(これについては第四章で説明し、擁護しておいた)によって法的に確立された。この法律は誰を対象にしているのだろうか。誰がユダヤ人で、帰還する権利があるのだろうか。最近の最高裁判決で覆されるまでは、ユダヤ人の母から生まれた者、あるいは正統派ラビによる正統派の儀式でユダヤ教に改宗した者は、正式なユダ

が、もともとは紀元前五世紀にエズラとネヘミヤによってエルサレムに招集されたユダヤの代表機関であるクネセト・バクドラ(大議会)がその語源である。ここで言及されているのはこちらの方である。

(2) カライ派 Karaite モーセ五書のみを権威と認め、口伝律法であるタルムードの権威を一切認めないユダヤ教の一派。

ヤ人であるというのが公式の答えであった。正統派ラビ職の力を考えると、改革派、保守派、再建派の（それもおそらく女性ラビが監督する）改宗はイスラエルの公的機関には認められていないのである。

しかし、キリスト教やその他の宗教へ改宗した者はどうだろうか。ブラザー・ダニエルとして知られるオズワルド・ルファイゼンのケースを考えてみよう。彼はユダヤ人の母のもとに生まれ、第二次世界大戦中にカトリックに改宗し、カルメル会の修道士になったが、自分をユダヤ民族の一員だと思い続けていた。彼は戦時中、改宗前も後もベラルーシのレジスタンスで活動し、危険を冒して多くの同胞ユダヤ人を救った。一九五九年、彼はイスラエルに渡り、帰還法に基づくシティズンシップを申請した。内務省は彼の申請を却下し、最高裁では見解が分かれたが、他の宗教に改宗した者は、法律が意図する通常の意味での（「俗な言い回しでは」）ユダヤ人ではないと判断し、最終的に却下を確定させた。反対意見を述べたコーエン判事は、私がリベラルな見解と考えるものを示した。「イスラエルに戻る権利は、自分がユダヤ人であると宣言し……」自分の祖国と考える場所に「定住することを望むすべての人に属する」というのである。コーエンは当然とも思われるような宗教的なテストは認めず、世俗的あるいは国家的なテストは、ユダヤ人のネーションステートに住みたいという希望によって満たされると考えている。ブラザー・ダニエルはナショナルなユダヤ人であった。

イスラエルの哲学者アヴィシャイ・マルガリート[3]は、『ユダヤの政治的伝統（*The Jewish Political Tradition*）』第二巻（この巻については後でもう一度触れる）のために書いたこの判決文の解説で、みずから「突拍子もない」と呼ぶ主張をしている――私はこれをリベラルな主張と受け止めている。マルガリートは、避難所としてのイスラエルという考え方が、帰還法の唯一の「弁護可能な根拠」であると考えている。ホロコーストの後では、「ナチスによって（ユダヤ人として）迫害される可能性のあった人物を、イスラエル国家が拒絶することはできない」のである。つまり、帰還法の目的であるユダヤ人であるかどうかは、反ユダヤ主義者、ユダヤ人を迫害した者によって決定されるのである。（帰還法以外の目的については他の決定が適用されようが。）マルガリートはこう書いている。「ユダヤ人迫害の長い歴史は、地球上のどこにも確実な避難場所がないため、イスラエルは道徳的に世界中のユダヤ人に無条件の亡命を提供する必要がある」。したがって、宗教的テストも世俗的テストもあってはならない。コーエン判事と同様に、マルガリートはリベラルな法解釈を提供しているが、コーエンの主観的な読み方を、迫害の経験に適した客観的な読み方に置き換えているのである。迫害の経験は決して自分の行った選択ではないのだ。さらに言えば、イスラエルに戻るというブラザー・ダニエルが行ったのは、まさしく自分の選択であった。ナチスの目にも、彼自身の目にも、そしてあまり重要

（3）アヴィシャイ・マルガリート Avishai Margalit（1931-）イスラエルの哲学者。分析哲学的な研究から出発するも、次第に政治哲学的研究に移行し、主著『品位ある社会』（風行社）では、屈辱の欠如という観点で理解される「まともさ」の追求は正義の理想に優先されるとして、政治を導くのは正義ではなく、不正や悪の回避であるとの考察を展開した。

ではないが、私やマルガリートの目にも、彼はユダヤ人だったのだ。

私はペンシルバニアの小さな町で、保守派の会衆や正統派のシナゴーグと共存する改革派の会衆で育ち、そこからユダヤ人が大半を占める大学（ブランダイス大学）に進学したが、そこには多種多様なユダヤ人がいた。しかし、私がユダヤの多元主義を完全に理解したのは、一九五七年に初めてイスラエルに向かうときだった。新婚であった妻と私は、イギリスで一年を過ごした後、二人の友人とヨーロッパを横断してアテネとその港、ピレウスに行き、そこでハイファ行きの船に乗り込んだのである。料金を払って乗船していたのはわれわれだけだった。他の乗客は、ユダヤ機関（Jewish Agency）から乗船料を支給された難民だった。彼らは一九五六年のスエズ紛争でエジプトから追い出されたエジプト系ユダヤ人と、ゴムウカ改革[4]で司祭が国立学校に戻った後、ポーランドを離れたポーランド系ユダヤ人だった。エジプト人は分派以前の「伝統的」なユダヤ教徒だった。ポーランド人は共産主義者で世俗的な傾向が強かった。われわれは、そのなかの一人のポーランド人と親しくなったが、彼は流暢な英語を話した。ある朝、彼の九歳の息子が走ってきた。エジプト人の朝の礼拝を見て、「ユダヤ人は祈らない人たちだと思っていた」とびっくりして父親に言ったのだ。確かに、神父たちがカトリックの祈りを再導入したのは、彼が学校から退学したあとだった。

そこにいたのは祈るユダヤ教徒と絶対に祈らないユダヤ人——両極端なのである。どちらのグループも元いた場所ではリベラルな存在ではなかった。また、お互いをユダヤ人として認め合っていることも、リベラルなユダヤ人であることの証明にはならない。「罪を犯すユダヤ人もそれでもユダヤ人である」というのは、リベラリズムのほんの始まりに過ぎない。重要なのは、差異を良いこととして受け入れること——相手のユダヤ人としてのあり方を、自分も採用しようであるとか真似しようとかいう考えなしに、大切にすることである。

リベラルなユダヤ人を戯画化するのは簡単なことだ。彼らはユダヤ人としてのひとつのあり方に適度にこだわり、他のすべてのあり方を穏やかな目で、あるいは無関心に眺め、自分たちの心の広さを自賛し、より強くコミットしようとするユダヤ人をできる限り避けようとする、そういうユダヤ人像である。これは、〔ライオネル・〕トリリングのいう「自己満足的リベラル」のユダヤ人版である。(この点で私は書き方に注意しなければならない。これは痛いところを突いているからである。)しかし、私は、リベラルなユダヤ人は深い内的葛藤に、自分を苛めつつ——ユダヤ人としてのあらゆるあり方の価値を認めながら、そのなかから選択することができないのではないかとも思うのだ。彼らはあっち

(4) ゴムウカ改革 Gomulka reform　一九四八年、親ソ連派によって失脚させられ、逮捕されたポーランドの統一労働党指導者ヴワアディスワフ・ゴムウカは一九五六年のポーランド反ソ暴動に際して復活し一連の脱スターリン主義改革を進めた。農業集団化の廃止、カトリック教会への迫害の停止などがその改革に含まれる。

こっちと揺れ動き、自らの優柔不断さを呪うのである。しかし、決めかねていても、決めようと懸命になっている限り、彼らがリベラルなユダヤ人であることに変わりはない。

ユダヤ人は祈らないと思っていた九歳のポーランドの少年がその後どうなったかは知らない。一九五七年のイスラエルは、彼に多くの可能性を与えたことだろう。成長した彼は、それまで彼が見たこともなかったような「伝統的」なユダヤ教徒になったのかもしれない。あるいは、より馴染み深かったイスラエル共産党員になったのかもしれない。あるいは、私が旅行者ではなく移民であったならそうしただろう、労働シオニストになるという選択を、時宜を得てしていたかもしれない。これらの選択肢のいずれもが、リベラルなユダヤ人であることと両立するが、この形容詞が適用されることを保証するものではない。

エジプト人とポーランド人は、正統派と超正統派のリベラルにあらざるユダヤ人が、当時も今も国家の強制力を使って自分たちが正しいとみなすユダヤ教のバージョンを推進しようと躍起になっている、そういうユダヤ国家への途上にあった。その同じ地で、その多くが非宗教的であるリベラルなユダヤ人は世俗国家のようなものを確立し維持しようと闘っているのである。イスラエルの世俗主義の一般的な形態は、オスマン帝国のミレット制度から転用された、本来、帝国主義的なものである。さまざまな宗教共同体の構成員——ユダヤ教徒、ムスリム、様々な形態のキリスト教徒など——が家族法の問題ではそれぞれの宗教法廷に服することになる。オスマン帝国では、この制度は集団の違いを受け入れるリベラルなものであった。しかし、個人は自分の集団のミレットに属さなければならず、ミレットは一元的なものであった。今日のイスラエルでも同様に、一九五七年当時はエジプト人とポーランド人はそれぞれ異なる存在であったが、その後彼らが結婚や離婚をしようとすれば、それが可能となるのはラビの法廷だけであろう。その法廷は正統派ラビが主宰し、他のすべてのユダヤ教宗派が排除されているのである。イスラエルのリベラルなユダヤ人たちは、あらゆる家族問題に関して民法を運用する民事裁判所と国が任命する裁判官の制度の設立を目指しているが、今のところ成功はしていない。彼らの成功は、ラビの権力の終焉を意味し、宗教団体は、自発的結社を組織原理とするアメリカのような方向へ向かうだろう。

アメリカのリベラルなユダヤ人は、建国の父たちが築いた世俗的な国家を維持するための努力の先頭に立ってきた。私もそのリベラルなユダヤ人の一人なので、アメリカの世俗主義を説明することは、一種の自己肯定になってしまう。私は、世界中がアメリカではないこと、アメリカの制度や政策がしばしばうまく移植できるものではないことを承知している――特にそれが軍事力によってもたらされる場合は。それでも、私はアメリカの「政教分離」、つまり世俗的国家のアメリカ版（元祖かもしれない）を擁護したい。その厳格さと妥協の双方が、宗教的に多様な国々に特に適しているように思われる。その厳格さを規定しているのは四つの原則である。そこでそれぞれの原則について説明した後、分離主義政治を機能させるために、リベラルなユダヤ人に一般的に支持されている、ときには矛盾するが常に実用的な制度について見ていこう。

まず、国家の強制力は、いかなる宗教、いかなる宗教的な目的やプログラムのためにも使用することはできない。これは、教会やシナゴーグと国家のあいだの有名な「壁」であり、実際には、宗教的領域へのいかなる種類の国家の介入も禁止しているものである。この壁は政治的領域への宗教の介入を禁止するものでもあるが、宗教の介入は常に国家の強制力を利用することを目的としているため、このふたつの禁止は事実上ひとつである。この例をひとつだけあげるとするならば、宗教学校――カトリックの教区学校、ユダヤ教のヨシバなど――に税金を投入することは禁止されている。この禁止令は一九世紀半ばから論争に付されており、今日も侵食されつつあるが、それでもアメリカの政教分離の中心的な特徴である。しかし、そこにも妥協点がある。その主たるものは、障害児のための教区学校プログラムへの資金援助や、いくつかのところで行われていることだが、学校給食や生徒の送迎を提供することである。

同時に、アメリカのほとんどの州では、公立、私立を問わず、すべての学校でアメリカの歴史と公民の授業を行うことが義務づけられている。宗教学校も例外ではない。宗教的な考えや価値観が設立者にとって重要であれば、何を教えてもよいが、生徒にシティズンシップのための準備をさせなければならない。しかし、いくつかの超正統派のユダヤ教学校では——シティズンシップなど重要でないと言わんばかりに——訳知り顔で形ばかりにこれらの教科を教えるところもあることは広く知られている。リベラルなユダヤ人たちは、その重要性を主張する。歴史と公民の授業は、政治コミュニティの「第一言語」を生徒に紹介するものなのだ。

アメリカには国教会（established church）はないが、立憲民主主義国という確立された国家（established state）がある。この国家は原則的に宗教には関与しないが、政治に関与しないということはありえない。国家は自らの再生産を目指しているし、民主的な能力と参加を育成することを目指している——先にも論じておいたように、学校はそれが行われる重要な場所なのだ。しかし、国家の政治的コミットメントには限界があり、それは宗教的コミットメントの限界と興味深いことに平行するものである。国家は宗教的に党派的であってはならず、また政治的には無党派的でなければならないということである。つまり、例えば政党は選挙に勝ち、その綱領を法律として制定することはできるが——旧ソ連の共産党がやったように——国家権力を使ってその綱領を学校の教理問答《カテキズム》にすることはできないのである。

しかし、ライフサイクルのもう一方の端では、宗教との間に大きな妥協がある。われわれが住んでいる近くにあるユダヤ教の老人ホームを訪問したとき、私はその予算の大部分が連邦政府によって賄われていることに驚いた。実際、すべての宗教団体が運営する老人ホームや高齢者施設には税金が投入されている。メディケアとメディケイドという、まだ不完全な国民保険医療制度は、こうした施設に対する一種のバウチャー・システムとして機能している。(5) 十分な自己資金を持たない高齢者は、宗教的に快適な老後を過ごすために政府の資金を使うことができるのである。アメリカの国家は子どもの宗教心形成には関与しないし、また原則的には関与すべきではないが、すでに完全に形成されてしまっている人々には宗教的な安住の場を提供することができるのである。

このアメリカの政教分離の第一の特徴は、ユダヤ人にとって特別な意味を持つ。最も重要なのは、それが否定的意味を持つことである。迫害も、強制的な教会出席も、異端審問も、衣装に関する強制的な規則も、禁止されている職業雇用も許されていないのである。しかし、国家による強制や宗教的強制に対する国家の支援がないということは、強力な肯定的結果をもたらす。それは自由の領域を生み出すのだが、そのことは、早い時期に、ジョージ・ワシントンが一七九〇年にロードアイランドのニューポートのヘブライ人会衆に宛てた手紙のなかで、最も美しく描写されている。ワシントンはニューポートのユダヤ人に対し、「ある市民階級の寛容さによって、他の市民階級が固有の自然権の行使を享受しているかのように」彼らを扱うことなどできないと述べたのである。ユダヤ人はその権利を享受するだけで、アメリカ市民と同じように、それぞれ「自分のぶどうの木の下、いちじくの木の下に座り、脅かすものは何もない」〔ミカ書4-4〕のである。

アメリカの政教分離の第二の原則は、リベラルなフェミニストの章で書いたように、リベラルにあらざる集団は世俗的な国家によって容認されるが、それはあくまでその範囲に限られるということである。例えば、差別禁止法は、カトリック教会が女性を聖職から排除することや、正統派や超正統派ユダヤ教徒がラビだけでなく宗教法の研究からも女性を排除することを妨げない。アーミッシュのコミュニティは、最高裁により、法定就学年齢を数年前倒しして子どもの教育を終了させることが認められている。長老たちは、子どもたちに必要な知識はそれで十分だと主張し、裁判所もこれを認めたのだ。また、アメリカの裁判所は、アメリカ先住民のいくつかのネーションに対して、その宗教的儀式において、禁止されている薬物を使用することを許可している。しかし、寛容、あるいはこの場合、融和の最も顕著な例は、ニューヨーク市の北五〇マイルにある超正統派（ハレディ）の村、カーヤス・ジョエルの存在である〔ウォルツァーは Kiriyat Joel と記しているが Kiryas Joel が正しい〕。世俗的な国家に、どうして超正統派の村、宗教的な村があるのか。私有財産法はハレディのユダヤ教徒すべてが所有する家屋の飛び地を作ることを許可し、ニューヨーク州は、その飛び地を独立した村とし

（5）バウチャー・システム voucher system　バウチャーとは「目的を限定して個人に支給される補助金」のことであり、その典型は健康保険証である。これを病院で提示することで、例えば三割は自己負担であるが、国は医療費に限定して、七割を国民に補助しているのである。日本の「子育て応援券」もそのひとつである。

て——また驚くべきことに公立学区として——編入することを認めたのである。

学区に関する議論は最高裁まで及び、最高裁は「同じ信仰を持つ市民集団への権力の付与」と「宗教団体への権力の付与」は同じではないとの判決を下した。ハレディのシナゴーグやイシバが公立学校を運営することはできないが、ハレディの村はまさにそれを行うことができるのである——少年少女の教育についての村の宗教的（そして政治的）指導者の見解を考えると、これは法廷が認めた以上に厄介なことであるに違いない。

第三の原則は、国家が支援する市民宗教は、純粋に市民的であるべきだということである。市民宗教の儀式、祝日、権威あるテキストは、（私たちが宗教と呼ぶところの）どの実在の宗教のものも反映したり、模倣したりしてはならない。七月四日の独立記念日は、純粋に市民的な祝日の好例である。その儀式は、アメリカの支配的宗教であるキリスト教から完全に独立しており、また他のすべての宗教からも独立している。アメリカ憲法も同様に、市民的な意味においてのみ、聖なるものとなったテキストの好例である。われわれはこの憲法を極めて価値のあるものと考えているが、同時に修正可能なものだとも考えている。神法はおそらくそうではない。アレクサンダー・ハミルトンは、憲法前文でなぜ神に言及しないのかと尋ねられ、こう答えたと言われている。「忘れていた」。われわれはそれをリベラルな物忘れと呼べるかもしれない。

しかしネーションを守るために亡くなった人々を称える戦没将兵追悼記念日の祝典で宗教を避けることは難しい。というのも、ほとんどのアメリカ人にとって、そして世界中のほとんどの人にとって、死は宗教的な意味合いを持つ出来事だからである。私が育った小さな町で行われた、第二次世界大戦直後の戦没将兵追悼記念日の感動的な祝典を私は覚えている。皆、墓地まで歩き（私たち小学生は行進した）、牧師、神父、ラビ（今日ならイスラームも招かれるだろう）の祝辞に耳を傾けたものだ。市長は州を代弁して語り、そうは言わなかっただろうが、おそらくは出席している無神論者の代弁者だった。ユダヤ人はその町では極めて少人数の少数派だったので、ラビの登壇は、私たちにとって自分たちが受け入れられているとの力強いサインとなった。そのような瞬間の多元主義は、その瞬間自体が世俗的でなくても、世俗主義を支えるものである。すべての宗教が代表されているのに、どの宗教も特別扱いされることはない。

アメリカの大統領就任式は、キリスト教がわれわれの公共文化を植民地化している例として取り上げられることがある。しかし、大統領の宣誓はキリスト教ではなく、封建的な慣習に由来するものである。そのような機会に詩を朗読するのは古くからの習慣であり、聖書の詩篇（「王家の」詩篇）はその初期の例である。「玉座からの呼びかけ」は君主政体制から受け継いだもので、ほぼ全世界で行われている。聖書の上に手を置く儀式だけが特殊キリスト教的であるが、アメリカの法律では、将来の選挙で選ばれた大統領の誰かが世俗主義的な姿勢を示したい場合、聖書に代わるものが認められている。

戦没将兵追悼記念日の式典と同様に、日曜日の役所の窓口閉鎖は、この場合、多数派の宗教との現実的な妥協点である。しかし、一八一〇年にアメリカ議会が、宗教的な休息日を認めないという理由で、郵便物を週七日配達することを決議したことは覚えておくに値する。アメリカ共和国の歴史の初期には、世俗主義はラディカルな形をとっていたようだ。しかし、そのラディカリズムはうまくいかなかった。少なくとも各地で反対運動が起こり、その反対運動は成功裡に終わったのである。何十年もの間、安息日厳守を主張する者たちは、多くの市や町で、郵便局も含めて、日曜日に商売をすることを禁止する厳格な法律《ブルー・ロー》を制定することに成功した。このような法律は政教分離の教義に明らかに違反しており、正統派ユダヤ教徒はそれに強く反対した。彼らはすでに土曜日に店を閉じており、日曜日に営業を再開することを望んでいたのである。この法律はまた、主義の問題として、リベラルなユダヤ教徒やリベラルなキリスト教徒からも反対された。この法律《ブルー・ロー》は何年も前に消滅したが、郵便物は日曜日に配達されなくなり、それに本気で反対する者はいない。

アメリカにおけるクリスマスはよりハードなケースである。クリスマスはしばしば——街の広場に託児所が設置されたり、公立学校でキャロルが歌われたりするように——しばしば国の援助を受けて催される。私の住む町では、少数の信念を持った無神論者が託児所の合法性に定期的に異議を唱えていた。ユダヤ人は賢いので黙っていた。キリスト教にとって最も神聖な日のひとつであることを、多数派のキリスト教徒が公的に認識するのを楽しむにまかせたのである。われわれは託児所を大目に見たのだと言われてもしかたない。確かに託児所の設置は当然の権利ではないが、騒ぐのは野暮というものだ（そしてそれは賢明でもない）。キャロルについては、あるユダヤ人の母親が娘に、音楽が好きなら一緒に歌いなさいと言ったそうである。「『きよしこの夜』で彼女のユダヤ人としての尊厳が脅かされるなら、私の教育が悪かった」。これこそリベラルな反応だと私は言いたい。

分離の第四の原則は、政治的側面でのすべての議論や、立場、同盟が次のことを受け入れることを要求する。つまりそれらのものは、開放的で、プラグマティックで、不確定で、確信的なものでも決定的なものでもなく、寛容な性格をもっていなければならないのである。これは四つの要件の中で最も困難なものであり、法的強制力を持つ問題には決してなりえない（またそうであってはならない）。これは民主的な政治文化や公教育に関係するものである。宗教の言語は、少なくとも一部では絶対主義的な性格を持っている。それはまた、明らかに、（中世のカトリックやユダヤ教のアリストテレス派のあいだですでにそうであったように）取り留めなく思弁的である。しかし、信仰や、神秘、ドグマ、異端、正統という形をとった絶対主義は宗教に無縁なものではないが、その一方でそれは政治に、少なくとも民主的政治には無縁なものでなければならない。そうであるからこそ、デーモスのメンバーはお互いが容易に語り合うことができるのである。「シナイ山からの啓示を信じない者は、来るべき世界に居場所がない」というような発言は、政治的言説においては居場所がないのだ——その内容も明白にあってはならないが、語り口もそうである。政治的な言葉は、たとえそれが激しく、声高に語られるものであっても、常に疑問、反対、修正の余地に開かれていなくてはならないというのがその原則である。

われわれは、それが常にオープンであるとは限らないことくらい分かっている。政治がうまくいかなくなると、われわれはしばしば宗教的な言葉でそれを表現する。個人崇拝、セクトのドグマ、党是の儀式的呪文、異端者探し、救世主気取り等々である。健全な政治的競争は、さまざまな記述的用語の方がふさわしい。戦争の用語——選挙戦を戦う、戦略を採用する、（右派または左派の）敵を出し抜く——でさえ、宗教的言説よりも民主的政治に適合している。戦争では、敵対する兵士がお互いを尊重しあうことが少なくとも時にはあるのだが、世界のほとんどの宗教の歴史では、異教徒や背教者が尊重されたことなどなかった。

歴史的に見ると、ほとんどすべての宗教的正統派は、民主主義に敵対してきた。後になってありとあらゆる適応が可能となるのだが、少なくとも民主的政治との最初の対決においては、敵対してきたのである。初期の段階では明らかである。神の言葉や神法が民衆の議論や修正にさらされることはない。異教徒はともかく、異端者と交代で聖職に就任すること（輪番制）は、どの宗教体制でもありえないことである。しかし、政敵と交代するという考え方は、民主的政治の中心的なものである。すでに述べたように、誰も交代を望まないが、最も敬虔な者を含むすべての民主的な役職者は、交代によって役職を失うリスクを受け入れているのである。

そのため、宗教によって形成された見解を持つ人々は、無宗教者や異なる宗教を信じる同胞市民が納得するような方法でそれを表現することを学ばなければならないし、多くの人々が学んできた。神の思し召しの話や、啓示された真理へのアピールは、政治的な言説からは除外した方がよい。しかし、これもまた、われわれの世俗的な国家において絶対的な立場というわけではない。マーティン・ルーサー・キング・ジュニアが唱えた、すべての人間は「神の似姿に創造された」という聖書の一節は、われわれの民主政治の中でうまく機能しているように思われる——無神論に深くコミットしている者が異議を唱えるのを聞いたことがない。しかし、私がその言葉を繰り返すとき、実は私は「神が存在するか否かにかかわらず、すべての人間は神の似姿に創造された」とその意味を拡張している。これは非論理的かもしれないが、より普遍化しようとする展開だと思う。しかし〔キング牧師の方の〕オリジナルバージョンは完全に受け入れられることが証明されているのである。このことは、広く共有された——リベラルな左派の人々にとって、政治的に有用な——宗教的観念に対するもう一つの妥協、あるいは受容が存在することを示している。しかし、他の宗教的観念、たとえば生命の価値や貧しい人々への配慮も、アメリカの政治的言説の中でうまく利用されてきた。

世俗的な話だけに終始するよりも、宗教的なフレーズを使って世俗的な話をする方が——少なくともアメリカでは——より効果的だろう。政教分離の文化的要件は、宗教的少数派やその他の少数派が非難されたり排除されたりしない限り、政治的言説において宗教的言及を禁止するものではないのである。「似姿での創造」は誰も排除してはいない。また、アメリカの壁は、私がすでに述べたような妥協、戦没将兵追悼記念日の宗教性や日曜日の安息遵守といった妥協を排除するものでもない。この壁は突き抜けることのできない障壁ではなく、時折の越境を防ぐためのものでもない。おそらくこれは「リベラルな政教分離」と呼ばれるべきだろう。「リベラルな」という形容詞は、あらゆる絶対主義に対抗し、本来あるべき開かれた社会を表現しているのだ。リベラルにあらざる閉鎖性に対して、われわれは憲法にその治癒を探し求める。

リベラルなユダヤ人が支持する世俗的国家はリベラルにあらざるユダヤ人をも受け入れることができるし、リベラルなユダヤ人が支持するユダヤ人性とは、ユダヤ教の伝統にあらゆる考えうる関係を持つユダヤ人だけでなく、それとはまったく関係のないユダヤ人を含むものである。棄教したカトリック信者はもうカトリック信者ではないだろうが、棄教したユダヤ教徒はまだユダヤ人である。しかし、私が理解するところでは、ユダヤ教の伝統に関わるリベラル派の好ましいあり方というものが存在する。私は長年にわたり、イスラエルの同僚とともにこの関係を築き上げ、その模範を示すための努力を続けてきた。私たちのプロジェクトは『ユダヤの政治的伝統（*The Jewish Political*

Tradition)』というものだが、それは聖書やタルムード、ラビの応答集から、現代のディアスポラや新国家についてのテキストまで、政治生活と政治思想を扱ったテキストと解説の四巻（最初の三巻はイェール大学出版部から既刊）から成っている。私たちの目的は、オリヴァー・クロムウェル[6]がそう描かれることを望むと述べたように、「長所も短所も含めて（warts and all）」この伝統の評価的読解と同時に批判的な読解を行うことである。

伝統のリベラルな読み方とは、われわれが好むリベラルな思想がすべて古いテキストのなかに、いわば潜んでいることを見出すような読み方であろう。社会契約、政府の制限、人民の同意、共通善への関心など、事情をわきまえた目で読めば、これらのものはすべてそこにある。しかし、それ以外にも多くのものがそこにある。われわれを不快にさせるリベラルにあらざる場面や権威主義的な主張を排除したり無視したりすることは、リベラルではなく護教的なのである——あるいはおそらく寛大すぎるのだ。そこで、われわれはユダヤの政治的伝統を見直す際に、全面的な関与を試みることにした。解説者たちは、あるテキストやテキスト群を読み、これは正しいのか、これは良い議論なのか、これを繰り返すべきか、修正すべきか、あるいは否定すべきかを自問した。われわれは褒め讃えるだ

（6）オリヴァー・クロムウェル Oliver Cromwell（1599-1658） イングランドのピューリタン革命で議会派の先頭に立ち、王政を廃した立役者。しかし護国卿時代に独裁化し、王政復古を招くことになった。

けの論評や護教的な論評を避けるために最善を尽くすが、聖書の作者やラビたちがあたかも正しいイデオロギー的立場を理解できなかったかのような、傲慢な、知ったかぶりの批評も避けなければならない。われわれは自分たちなりのやり方で、ユダヤ人の歴史の連続性と、その本質的な部分である議論にコミットしている伝統的ユダヤ人なのである。

友人たちは時々、「では、ユダヤの政治的伝統から何を学ぶことができるのか」とわれわれに問う。われわれの答えは、ラビが用いるようなたとえ話という形をとっている。あるフランスの王が、自分の息子にフランスの政治思想を学ばせた。その息子は何カ月も律儀に勉強し、父親に報告した。そこで王は尋ねた。「さて、われわれはフランスの政治的伝統から何を学ぶことができるのか」少年は答えた。「父上、ありがたいことに、王政を擁護する作家もいますが、熱烈な共和主義者もいます。リベラルも、保守主義者も、社会主義者、共産主義者、ファシストもいます。しかし、ただ一つの権威ある教えを見いだすことはできませんでした」。ユダヤの政治的伝統も同じで、ありとあらゆる政治的立場が表明されている。現代において、それらを議論する際、テキスト〔クリティーク〕によるサポートが常に利用可能である。「悪魔も手前勝手な目的のために聖書を引用する」とシェイクスピアは書いた〔『ヴェニスの商人』第一幕第三場でのアントーニオのセリフ〕。善良な人々もまた、そうである。

立場の多様性とは、ユダヤ（あるいはフランス）の政治的伝統から学ぶことが、解釈と議論に基づくものでなければならないことを意味する。例えば、ラビのあいだで激しく意見が対立し、タルムードの編集者がその対立を記録し、反対意見の法的見解を保存することに決めたという事実を考えてみて欲しい。これはリベラルな多元主義と同じではないとはいえ、確かにその方向を示している。ラビは教義を持たないへボな多元主義者だと言えるかもしれないが、彼らはそう思われることを快く思っていなかっただろう。また、〔ユダヤ人の〕長い流浪と迫害の歴史を考えてみて欲しい。それは、今日多くのユダヤ人がリベラルな民主主義者やリベラルな社会主義者であり、少数派や抑圧された人々の権利を一般的に擁護している理由を説明するのに役立っていることは間違いない。しかし私は、保守主義者や新保守主義者、リベラルにあらざる民主主義者や社会主義者も、この伝統のなかに検討すべき多くのものを見出すことができると思っている。

ユダヤ教の伝統を学ぶことは、ユダヤ人としての生活を営むための一つの方法であり、伝統的な方法である。ホロコーストに思いを馳せ、そこから意味を引き出そうとすることは、最近の方法であり、まったく異なる方法である。ホロコーストはユダヤ人の歴史に大きくのしかかっている——そうでないことがありえようか。われわれユダヤ人は、エジプトでの奴隷生活を記憶するのと同じように、六〇〇万人の殺害を記憶しなければならないのだ。世界中のユダヤ人は、もし自分が奴隷の一人であり、六〇〇万人の一人であったならということを想像しなければならない。それは戒めであり、個人の同意を必要とするものではないと私は思う。もし私が何らかのユダヤ的な生き方を選択するならば、私は記憶することを義務づけられている。そして、この記憶によって、ユダヤ人の自由と幸福への希望が――そしてすべての「他者」の希望も生まれるのである。「あなた方はよそ者を虐げてはならない。エジプトでよそ者だったのだから、よそ者であるというのがどんな気持ちなのか知っているはずだ」。しかし、奴隷や、迫害、死の記憶は、ユダヤ人の意識を害する効果もある。

私はそのような記憶をユダヤ人の存在に関する中心的な事実やその意味の唯一の源泉とすることにこだわりはしない。歴史家のサロー・バロン(7)にならって、私は「古今東西の迫害の物語に夢中になる」ことを避けたいのだ。バロンはユダヤ人の歴史について――「ユダヤ人の苦難を過度に強調し、ユダヤ人の歴史的発展の全体像を歪めてしまう」という――彼の言う「お涙頂戴的発想」を否定している。われわれの歴史は、大胆な革新、知的創造性、そして過酷な集団での生き残りの物語でもある。主権も領土もなく、しばしば強制力も持たないなかで、われわれはネーションとしての存在を維持してきた。ユダヤ人の流浪の時代には、学ぶべきこと、記憶すべきこと、そして祝うべきことがたくさんあるのだ。

われわれはこれらのことを自分たちだけでやったわけではない。過ぎ越しの祭りのハッガーダー(8)には、こんな一節がある。「どの世代にもわれわれに立ち向かいわれわれを滅ぼそうとする者がいる」。しかし、実際には黄金時代もあった。その世代は絶滅に直面などしなかったのである。またすべての時代にユダヤ人が味方を見出していたというのも真実である。われわれを保護する(あるいは保護するよう買収された）開明的な支配者、ユダヤに好意的な学者、貿易に熱心でわれわれと投資に励む人々、われわれにシティズンシップを与え、あらゆる差別に反対する自由主義者や民主主義者、友好的であるか、あるいは少なくとも寛容な隣人、そして大勢の「正義の異邦人」などがいたのである。ユダヤ人の歴史の御涙頂戴的読み方から派生した格言、「世界はすべてわれわれに敵対している」は、バロンが警告した歪曲のなかで最も危険なものである。

リベラルなユダヤ教の発展とその擁護に生涯を捧げ、ユダヤ教の伝統に関する私や私の同僚の仕事に影響を与えたダヴィッド・ハルトマン(9)は、今日のユダヤ人が直面している選択を「アウシュビッツかシナイか」と表現している。シナイとは、シナイ山での契約とそれに続くすべてのもの、つまり

(7) サロー・バロン Salo Baron (1895-1989) ウィーン出身のユダヤ人歴史家。主要業績に、中世から近代にわたるユダヤ人の政治・経済・宗教・社会についての経験を網羅した未完の大著 *A Social and Religious History of the Jews* 全二七巻がある。

(8) 過ぎ越しの祭りのハッガーダー the Passover Haggadah 西暦で三月末から四月頃の満月の日に祝われるユダヤ教の宗教的記念日で読まれる頌栄、祈り、詩篇などからなる冊子がハッガーターで、食卓についた家族が声を揃えて唱えたりする。

(9) ダヴィッド・ハルトマン David Hartman (1931-2013) アメリカのユダヤ人宗教思想家・ラビ。ユダヤ世俗主義を宗教的なユダヤ教にとっての対等なパートナーとみなすことに積極的であった。一九七一年にイスラエルに移住し、エルサレムのヘブライ大学でユダヤ思想の教授を務める。

法律や、その解釈、議論、繰り返されるコミュニティの約束、預言者、ラビ、哲学者の仕事を意味していた。しかしそれだけではない。「シナイが要求するのは、預言者の道徳的要求が政治的生存に必要な現実主義と統合される可能性を信じることである」。それはつまり、現実の世界で実現される道徳と、道徳的要求によって制約される現実主義のことである。ハルトマンは、シナイによって私たちがその担い手として認められると信じていた。それとは対照的に、アウシュビッツは永遠の犠牲を意味する。

私は世俗的なユダヤ人だが、「世俗的」が必ずしも「リベラルな」を意味するわけではないことは承知している。狂信者の言語は宗教由来であるが、世俗的な狂信者も確かに――スペインの共産主義者が内戦中に司祭を殺害し、教会を厩舎に変えたように――存在してきた。またそれほど残忍ではない狂信者もいる。彼らは信仰を軽んじ、信心深い人々を愚か者として扱い、聖職者の詐欺的話法(これには様々なバージョンがある)の犠牲者として扱う。これとは対照的に、リベラルな世俗主義者は信者の生活と彼らが作るコミュニティを尊重し、その両方の安全を保証するために活動する。彼らはまた、宗教信仰に好奇心を抱いている。さまざまな宗教の偉大な研究者のなかには、リベラルな世俗主義者がいるのだ。

世俗主義が可能になる前の世界では、宗教生活はしばしば激しい争いを生み、争いに敗れた者たちの不幸の種となった。その不幸のかすかな痕跡は、次の話のように、今でも残っている。私のイスラエルの友人で、世俗的でリベラルなユダヤ人である哲学の教授がスペインを訪れ、スペイン人の同僚にコルドバ市内を案内してもらったことがある。街を歩いていると、古くて美しい教会にさしかかった。その教会に入ると、カトリック教徒であるそのスペイン人は、息をひそめて何やらつぶやいた。私の友人は驚いて、もっとゆっくりその言葉を繰り返すよう彼に頼み、こう言った。「あなたは今、ヘブライ語の呪いの文句を口にしましたね」。そのスペイン人教授は、本人は知らなかったが、改宗を迫られ教会に通わされたユダヤ人の遠い子孫であった。彼の祖先は、たぶん、何世代にもわたって隠れユダヤ教徒であり、これから参加する礼拝を拒否する儀式として、この呪いを唱えたのである。その呪いは何世紀にもわたって生き残ってきたが、その意味は失われている。私の世俗的なユダヤ人の友人は、教会に入るときに呪いを繰り返す必要を感じなかった。

カトリックの教授が呪いの正体を知ってそれを放棄したのか、それとも家訓となったものを継続したのかはわからない。現代でも、自分から進んで〔キリスト教の〕教会を訪れないようなユダヤ教信者はいるし、ユダヤ人は神に見捨てられたのだから、とっくに改宗しているはずだと考えるカトリック信者もいる。古いリベラルにあらざる信念や信者はまだ存在しているのだ。しかし、ユダヤ教信者やカトリック信者（プロテスタント、ムスリム、ヒンズー教徒、仏教徒など）にも、「リベラルな」という形容詞にふさわしい人たちがいる。彼らは、自分が拒絶する教義によって定義されるのではないかと私は思う。リベラルなユダヤ教徒やカトリック教徒、その他すべてのリベラルな人々は、おそらくこのことに同意してくれるだろう。

彼らのすべてが、異端者や異教徒を迫害したり、嫌がらせをしたりすることには反対するだろう。宗派やセクトの増殖に悲しみを感じるかもしれないが、自分たちが信奉する信仰を守るために国家が行動することを彼らは決して支持しないだろう。宗教的な問題で強制力を行使することを拒否し、彼らの祖先がしたように「信仰は自由である」という格言に反対することもないだろう。また、自分たちの宗教的なカレンダーを誰であれ他の人たちも使うべきだと主張することもないだろう。例えば、リベラルなユダヤ教徒は——たとえその国家がユダヤのものであっても——「シナイ山の律法《トーラー》」が都市や国家の全住民の安息日活動の性格とペースを決定すべきだという主張を拒否するだろう。

もっと物議を醸す問題もある。リベラルな信者なら、市が建設し維持管理している公道で店を開き、自分たちが認めていない宗教慣習や世俗の慣習を持つ人々へのサービスを拒否することはないだろう。近年、宗教的自由の名のもとに拒否権が擁護されている。しかし、断ることは差別的行為であり、他の人と同じように店に招き入れられたのに断られた客にとっては屈辱的なことかもしれない。それはリベラルな行いとは呼べない。もちろん、信者が（他の誰でも）私的なクラブを作り、会員だけにサービスを提供することは自由である。しかし、その自由は宗教とは無関係であり——リベラルなユダヤ人なら（そして他のリベラルな人々も）そのクラブに入りたがらないだろう。

私が思うに、宗教的にリベラルな人たちは、自分たちの信仰の標準的な神学の多くの側面に難色を抱えているのではないか。彼らは女性の従属を受け入れないだろう。彼らは、「他者」の宗教、あるいは無宗教が故に、彼らは永遠の天罰に処せられるという一般的な教えを信じないだろう。リベラルなユダヤ人は、ユダヤ人以外のほとんどの人が来たるべき世界を見ることはないだろうという意見には同意しないであろう。そこでわれわれが誰に出会うかなど、誰にもわからない。リベラルなプロテスタントも、「リベラルな」という形容詞が当てはまるならば福音派でさえも、ユダヤ人が地獄の炎に焼かれる運命にあるという意見には同意しないだろう。また、どのようなリベラルな宗教家も、メシアの王国やイスラムのカリフ、あるいはイエスの聖なる共同体を強引に設立しようとする努力に加わることもないだろう。少なくとも、終末の時に関しては、少しは懐疑的なのではないかと私は思う。その「少し」の懐疑心が宗教的信念にどう合致するかは、信者にお任せするとしたい。私の友人のユダヤ教信者のなかには、この組み合わせに何の問題も感じない人もいる。

リベラルなユダヤ人は世俗的な国家の中で快適に暮らしており、彼らもまたその維持に貢献している。しかし重要なのは、リベラルにあらざるユダヤ教信者や他のあらゆる宗教のリベラルにあらざる信者たちも、世俗的な国家の維持に貢献しないまでも、その中で快適に暮らすことができるということである。彼らは、他の誰もが自分たちと同じように生きなければならないというこだわりへのコミットメントを捨てればいいだけなのだ。これとは対照的に、リベラルなユダヤ人は、リベラルにあらざるユダヤ教徒――あるいは今日のイランのようにリベラルにあらざるムスリム――が支配する国家では快適に暮らすことができない。宗教的な強制を受けるからである。これはよくある非対称性である。リベラルな社会主義者は、リベラルにあらざる社会主義者が支配する国家で快適に暮らすことはできないが、リベラルにあらざる社会主義者も、リベラルな社会主義者が支配する国家で快適に暮らし、自由に議論し、組織化することができるのだ。彼らは、他のすべての集団が主張し組織化する権利と折り合いをつけるだけでよいのである。おそらく、宗教の場合は違うのだろう。正統派や原理主義者の人々に要求される譲歩は、無宗教の人に要求される譲歩よりも、より劇的なものだろう。しかし、要点は次のように一般化できる。リベラルな世俗国家は、あらゆる宗教やイデオロギーを持つ人々を驚くほど歓迎してきた（もちろん、あらゆる人種やエスニック・グループの人々がまだ歓迎されていないのは明らかである）。アメリカでは、ユダヤ人がその歓待心に対する決定的に重要なテストとなってきた。今日のイスラエル、そして多くのヨーロッパ諸国では、ムスリムの扱いが決定的に重要なテストとなっている。

第九章　誰がリベラルで、誰がリベラルではないか

おそらくほとんどのアメリカ人は、リベラルなユダヤ教徒やリベラルなカトリック教徒（あるいはその他の信仰を持つリベラルな人々）とは、民主党に投票するユダヤ教徒やカトリック教徒のことだと思っているだろう。「リベラルな」という形容詞は融通無下で、リベラルな信者はリベラルな民主主義者や社会民主主義者である可能性が高いので、それは部分的には正しい。アメリカでは、長年、民主党がそのような人々の支持母体であった。しかし、立憲民主主義を守り、独立した司法を信じ、多元的な社会を居心地良く感じ、交代で政権に就くも退くもあることを期待するリベラルな共和党支持者も（最近は少数だが）見かけてきた。

こうした人たちは簡単にそれと識別できる。しかし、「リベラルな」という形容詞は、われわれが今日なら根本的な矛盾とみなすものを体現した歴史上の人物にどのように適用されるだろうか。例え

ば、ヴォルテールは、カトリックのフランスでプロテスタントの宗教的自由を勇敢に擁護したが、同時に人種差別主義者であり反ユダヤ主義者であった。あるいは、トマス・ジェファーソンは、立憲共和制と権利章典のために闘ったが、奴隷を所有していた。ジョン・スチュアート・ミルは、言論の自由を素晴らしく主張したが、植民地主義を支持し、自国より「先進性」に劣る国々をパターナリスティックにとらえた。あるいは、自由を擁護しながらも、女性の従属を前提とした論者は（ミルは違うが）数多くいる。このような人々の評判は、現在、貶められている。われわれは、先人たちの罪と、その罪を見逃して、彼らが引き起こした害悪を修復しなかったわれわれ自身の失敗を、際限なく思い知らされるのだ。

この失敗は明らかだが、私は男性の先人たちに対してもっと寛大な見方を促したい（女性の先人たちは、当時の偏見を共有していたにもかかわらず、ほとんど批判されていない）。私は、聖書のなかに登場する、大洪水を経験した男、ノアについての一節をヒントにした。聖書の作者は、ノアは「その時代においては正義の人」であったと言う。これは、ノアが相対的に正しかったというだけで、いついかなる時代にあっても正義の人であるわけではないという意味にとられている。同時代の人々のあいだで、彼はかなり良い人物だったというだけである。同じように、同時代の人にとってヴォルテールはリベラルなフィロゾーフであり、ジェファーソンはリベラルな共和主義者であり、ミルはリベラルな古典的自由主義者であり、リベラルな社会主義者に近い存在だったのだ。しかし、もしこれらの人たちが、その世代の矛盾を抱えたまま、現代の私たちの前に現れたら、おそらくその形容詞を否定せざるをえないだろう。

今日、「リベラルな」という形容詞で修飾できない集団、政党、イデオロギー、アイデンティティは存在するだろうか。例えば、リベラルな超正統派ユダヤ教徒やリベラルな原理主義的キリスト教徒は存在しうるだろうか。このような形容詞を冠することには違和感を覚える。才能があって柔軟な人なら、女性の地位の平等を認めることができれば、十分にこの形容詞を冠されることができるかもしれないが、そのような人は同胞信者たちからはもう教会の信者仲間ではないと言われるのではないだろうか。宗教的教条主義者《ドグマティスト》は、どんなドグマを信じていようと、おそらくリベラルではありえないだろう。

リベラルな神権政治はありうるだろうか。これは常に、神の名において語ると主張する人々によって支配される体制であるため、より良い問いは、リベラルなヒエラルキー――神父、牧師、ラビ、イマーム、あるいはアヤトラによるリベラルな統治がありうるかというものである。おそらくありえないだろう。神の名において語る者の多くは、絶対的な支配権を主張し、一般に異論に寛容ではない。それでも、彼らは時には――タルムードの賢人たちが、矛盾する二つの法的見解は両方とも「生ける神の言葉」であると書いたように、あるいは一六世紀のプロテスタントたちが「神の家にはすまいがたくさんある」〔ヨハネによる福音書　第一四章2〕と主張したように――リベラルな神性を想像し、よりリベラルな方法での統治を想像することもある。しかし、より一般的に言えば、リベラルな懐疑論は神が全知であることと相性が悪いし、リベラルなアイロニーは神が全能であることと相性が悪い。

リベラルな人種差別主義者はまずありえない。私はそう信じている。とはいえ「覚醒した」アメリカ[1]には、（白人の）リベラルが行った人種差別を記述し、非難する本や記事が氾濫しているのだ。これらの悩める人々は、リベラルな民主主義者やリベラルな社会主義者であり、平等や市民の自由、アファーマティブ・アクションを擁護するが、心の奥底に人種差別的な衝動や感情、態度を秘めていると言われる人々である。彼らは形式的には反人種主義者ではあるが、根っからの反人種主義者ではないので、根っからの反人種主義者は、彼らはまったく反人種主義者ではないと主張する。私はこの見解に賛成できないが、それについてここで議論するつもりはない――とはいえ、読者諸氏にはエリザベス一世の次の言葉を思い出して欲しい。「私は人の魂に窓を開けて縮み上がらせるようなことはしない」。心の奥底に何があるのか、どうやって知ることができようか。リベラルな人はそれを覗き見ようとはしない。アメリカの政治に関する限り、私はあらゆる種類の、あらゆる程度の反人種主義を受け入れる用意がある。おそらく、それらが一体となって、ポスト人種差別主義の社会に近づいていくのだろう。

いずれにせよ、私が言いたいのは、リベラルな人種差別はありえないということである――反ユダヤ主義、イスラム恐怖症、女性嫌悪、同性愛嫌悪についても同じことが言える。偏見と憎悪には、リベラルなバージョンはないのだ。これとは対照的に、民主主義的な人種差別主義者や社会主義的な人種差別主義者、反ユダヤ主義者などは存在した。少なくとも形式的には民主主義政党や社会主義政党の党員である人々のあいだでは、リベラルにあらざる態度が必要以上に一般的である。反ユダヤ主義を「愚か者の社会主義」と表現したアウグスト・ベーベルの言葉を私はすでに引用している。今日、ヨーロッパの一部で右翼のポピュリストが推進するムスリムへの憎悪は、愚か者のナショナリズムである。

リベラルな共和党支持者は、たとえ現在、彼らを目にすることができなくても、存在しうる。私はこのことを早い段階で知った。私の高校時代の親友は、地元の共和党のボスの甥だった。われわれは多くの点で意見が合わなかったが、そのどれもわれわれの友情に支障をきたすようなものではなかった。一九五〇年のある日、われわれは一緒に近くの催し物会場で行われたジョー・マッカーシー

(1)「覚醒した」アメリカ “woke” America　近年、特にブラック・ライブズ・マター運動が加熱したアメリカで用いられるようになったスラングのひとつにwoke、あるいはstay wokeがある。これは現在進行形で起きている社会問題、例えば一部の人種に対する不当な扱いや差別をしっかり認識して行動を起こす意識を持とうとすることを言う。「そのような〈高い意識〉を持てる私って、カッコいい」という誇らしさと、ある種の後ろめたさがそこには常に付きまとう。

上院議員の演説を聞きに行った。私は驚きと恐怖を感じ、友人は嫌悪感を抱いた――反応はそれぞれ違ったが、どちらもリベラルなと言っていい反応だった。

リベラルな保守主義者も存在する。最も顕著なのは、リベラルな民主主義が攻撃にさらされたときに、それを保護、ないしは救済しようとする人々がそれである――最近の例ではネバー・トランパー〔トランプ反対派〕がそれである。もちろん、私たちは常に、何が保守されているのかを問わねばならない。ヒエラルキー的な体制を擁護したり、復活させたりする努力は、ロマンティックなプロジェクトではあっても、リベラルなプロジェクトではない。

資本主義が生み出す不平等や、労働者を服従させるために必要な強制力を考えると、リベラルな資本主義が存在しうるかどうかは疑問である。民主主義や社会民主主義の強力な制約のもとにある資本主義には、この形容詞がふさわしいかもしれない――また純粋にリバタリアン的な資本主義もそうかもしれない。一九七〇年代にさかのぼる話だが、私はリバタリアンの哲学者のロバート・ノージック[2]と一緒に、「資本主義と社会主義」という授業を行ったことがある。この授業は、一学期間に渡るディベートだった。ノージックは、アントレプレナー、経営者、所有者が、土地の接収、補助金、安全規則や環境規則の適用除外、関税、反組合法といった国家からの強制的な援助を一切受けない自由な市場資本主義を擁護した。このような強制や援助がなければ、不平等もずっと少なくなると彼は主張した。半ば本気で「アメリカにおいて資本主義を確立するための革命は正当化される」とまで言い出した。しかし、彼は資本家からは何の支持も受けていない資本主義革命家だった。

もちろん、リベラルなリバタリアンもいる。彼らは（ノージックがそうであったように）市場の法則はどんなに素晴らしいものであっても憲法によって守られるべきものではなく、自由放任はどんなに賢明なものであっても他の社会政策のなかの一つの可能性に過ぎないということに同意している。リバタリアニズムは、定義上、リベラルであると言われるイデオロギーである。実際、リベラルであることも多いが、常にそうとは限らないのだ。近年、アメリカの政界には熱狂的なリバタリアンが何人かいる。

すべてのリベラル派がこの形容詞に値するだろうか。リベラルにあらざるリベラル派——自分たちのリベラリズムが最後の決定的な言葉だと信じている様々な種類の絶対主義者がいると私は言わざるをえないのである。リベラルにあらざる相手に対して侮蔑の念を抑えきれないリベラルな民主主義者や社会主義者を私は知っている。実際、リベラル派の中には、私がこれまでわれわれ全員を規定してきた寛大な精神に欠ける人もいるのだ。

私はすでに、リベラルな共産主義者についての疑念を表明しておいた。スターリン主義型の共産

（2）ロバート・ノージック Robert Nozick（1938-2002）　ハーヴァード大学哲学教授でリバタリアニズムの代表的思想家。主著は『アナーキー・国家・ユートピア』（木鐸社）。

主義は、確かにこの形容詞に耐えられないが――例えば一九世紀には――さまざまな種類の複数のコミューンを信奉するリベラルな共産主義者がいたことも確かである。最近では、二〇世紀のキブツ運動参加者のなかにもリベラルな人がいた（そうでない人もいたが）。共同体の生活は、あるときは厳格なイデオロギー的性格を持ち、あるときはカリスマ的指導者に焦点を当てたカルト的形態をとり、あるときは反体制派に不寛容なリベラルにあらざる民主主義である。リベラルなコミューンは、出入りがかなり容易でなければならないが、人が出入りすれば、そのコミューンはますます共同体的でなくなる。

リベラルな反共主義者は確かに存在しうるが、冷戦時代にはジョー・マッカーシー上院議員に代表されるように、リベラルにあらざる熱狂的な反共主義も存在したし、リベラルにあらざる型の反共主義を認識し非難するのが遅かったリベラル派もいた。

リベラルな帝国主義がありうるかどうかは、先に述べたように疑問だが、帝国主義国で働くリベラルな公務員はありえる。それは、先住民の文化を研究し、彼らの独立を促進するために働く人々、あるいは帝国主義の手先によって支配されている人々に日々加えられている屈辱に反対する人々である。後にジョージ・オーウェル(3)を名乗ることになるビルマ滞在当時のエリック・ブレアのことを考えて欲しい。

ファシストやナチスはリベラルではありえない。彼らは、そのような形容詞で修飾されるようなものには反対であることを自慢したがる。全体主義とは、リベラルにあらざる政治の理想型である。

リベラルな警察国家はありえないが、リベラルな警察組織はありうる。私は、一九五六年にイギリスのケンブリッジで開かれたスエズ戦争に反対する政治集会のことを鮮明に記憶している。最後の演説者が長い演説を終えると、数人の巡査がゆっくりと群衆のなかに入っていき、「もう終わりです。どうぞお帰りください。もう終わりです。どうぞお帰りください」と呼びかけていた。私は、政治的異論を静かに尊重するこのもの柔らかな行動に驚かされた。しかし、ロンドンやマンチェスターの労働者階級居住区で行われた反戦集会に対する警察の対応を見ていたら、同じような驚きはなかったかもしれない。これはリベラルな警察であるかどうかを判定するより良いテストだろうが、私の知る警察はほとんどの場合、このテストに落ちる。

リベラルな君主政支持者はありうる。だからこそわれわれは、リベラルにあらざる君主政を表すのに「絶対」という形容詞を使うのである。リベラルな君主は一人で統治し、交代で就任することは

（3）ジョージ・オーウェル George Orwell こと本名はエリック・ブレア Eric Blair（1903-1950）　植民地時代のインド生まれのイギリスの作家・ジャーナリスト・民主社会主義者。イートン校卒業後、警官として赴任したビルマでイギリス帝国主義の醜悪さに嫌悪感を募らせ、その職を辞して帰国した後は反ファスズム、反スターリニズムの立場をとった。代表作に『カタロニア讃歌』（岩波文庫）、『動物農場』（岩波文庫）、『一九八四年』（早川 epi 文庫）がある。

ないが、彼ないしは彼女は憲法による拘束と複数の宗教を持つ多元的な政治を認める。一八世紀に、自分のことを啓蒙専制君主であると主張した者がいたように、専制君主は啓蒙的であることはあっても、リベラルではないと私は考える。また、暴君がリベラルなという修飾語を冠されることはありえない。

リベラルな金権政治《プルトクラシー》はありえない。富の防衛は、通常、必要以上に残忍である。リベラルな寡頭政治《オリガーキー》の可能性には疑問があるが、世襲制でない限り、（ジェファソニアン的な方向での）リベラルな貴族政治《アリストクラシー》は可能性がある。優秀さと美徳を競い合うこと、そしてそれが生み出す社会的流動性は、公職における輪番制の特徴を持つことになるかもしれない。

「リベラルな」というこの形容詞が当てはまるすべての名詞に対して、リベラルのさまざまな特質がもたらされる。つまり、政治権力の抑制、個人の権利の擁護、政党や宗教、国家の多元性、市民社会の開放性、反対や不同意の権利、差異の調整、異邦人の歓迎などがそれである。そこではまた、寛大な精神と懐疑心、アイロニーが共存している。自由主義を批判する者たちは、これらの特質がしばしば過度に強調されたり、危険なほど弱められた、あるいは古い英語で言うところの去勢された（emasculated）民主主義、社会主義、ユダヤ教をもたらすと主張している。形容詞が名詞を圧倒してはいけないという点には私は同意するが、そのような証拠はほとんど見当たらない。それよりも、形容詞の良き働きを強調することが大切である。

最後に、各々の章で扱った私自身を表す名詞についてだが、リベラルな特質は、現代の政治にとって決定的に重要である。新しいポピュリズムと戦う用意のあるリベラルな民主主義者、平等を守りながらも左派の体制に頻繁に見られる権威主義に反対するリベラルな社会主義者、反ムスリムや反ユダヤを含む現代の排外主義的ナショナリズムに抵抗するリベラルなナショナリスト、国境を越えて困っている人々を守るリベラルな国際主義者、一部のアイデンティティ集団の排他的な情熱や激しい党派性に対抗するリベラルなコミュニタリアン、ジェンダーの平等を推進するために国家権力をいつ使うべきでいつ使うべきではないかをわきまえているリベラルなフェミニスト、キャンパスで言論の自由を守るリベラルな教授、「権力に対して真実を語る」だけでなく常にシンプルに真実を語るリベラルな知識人、そして宗教熱狂の予期せぬ復活に立ち向かうリベラルなユダヤ人、クリスチャン、ムスリム、ヒンズー、仏教徒、その他すべての人たちである。まともさと真実のためのこれらの闘争は、現代の最も重要な政治的闘争のひとつであり、「リベラルな」という形容詞は私たちの最も重要な武器なのである。

◉参考文献

これは新型コロナウィルスが大流行の猛威を振るっているあいだに手元にあったおかげで参照することのできた書籍といくつかの記事（加えて、私がずっと以前に研究していたいくつかの書籍）のリストである。これらの著作は大流行のあいだ、私の同伴者だった。その助けがあったからこそ私は本書を執筆することができた。これらの作品の著者に対する格別な恩義を表明するための方法として、私はそれらのいくつかを本文中で銘記しておいた。何冊かの共編著を除いて、私自身の書物はこのリストに一切含めていないが、本書の章中ではそれらの著作で私が行っていた主張のいくつかが再登場している。このリストは完全なものではない。私が利用したすべての情報源を網羅しているわけではなく、頭の中にあった、あるいはインターネットで見つけたアイデアや文章は含んでいない。私の書斎にたまたま所蔵されていた蔵書を示したものである。

Amichai, Yehuda. *Great Tranquility: Questions and Answers*. Translated by Glenda Abramson and Tudor Parfit. New York: Harper and Row, 1983.

Baron, Salo W. *History and Jewish Historians: Essays and Addresses*. Compiled with a foreword by Arthur Hertzberg and Leon A. Feldman. Philadelphia: Jewish Publication Society of America, 1964.

Baxter, Richard. *The Holy Commonwealth*. London, 1659.

Bebel, August. *Women under Socialism*. 1879. Translated by Daniel DeLeon. New York: New York Labor

News, 1906.〔草間平作訳『婦人論』、岩波文庫、一九二八年〕

Benda, Julien. *The Treason of the Intellectuals*. 1927. Translated by Richard Aldington. New York: Routledge, 2017.〔右京頼三訳『知識人の裏切り』、ポイエーシス叢書、未來社、一九九〇年〕

Bobbio, Norberto. *Left and Right: The Significance of a Political Distinction*. Translated by Allan Cameron. Cambridge, UK: Polity Press, 1996.〔片桐薫・片桐圭子訳『右と左——政治的区別の理由と意味』、御茶の水書房、一九九八年〕

Bynum, Caroline Walker, and Michael Walzer, co-chairs. *Report of the Committee on the Status of Women in the Faculty of Arts and Sciences*. Harvard University, Cambridge, MA, April 1971.

Coser, Lewis A. *Greedy Institutions: Patterns of Undivided Commitment*. New York: Free Press, 1974.

Coser, Lewis A. "Sects and Sectarianism," *Dissent* (Autumn 1954).

Dewey, John. *Democracy and Education*. New York: Macmillan, 1961.〔松野安男『民主主義と教育』(上)(下)、岩波文庫、一九七五年〕

Gramsci, Antonio. *Selections from the Prison Notebooks*. Edited by Quinton Hoare and Geoffrey Nowell Smith. New York: International Publishers, 1971.

Greenberg, Hayim. *The Essential Hayim Greenberg: Essays and Addresses on Jewish Culture, Socialism, and Zionism*. Edited by Mark A. Raider. Tuscaloosa: University of Alabama Press, 2016.

Hartman, David. "Auschwitz or Sinai," *Jerusalem Post*, December 12, 1982.

Haslett, Tobi. "Magic Actions: Looking Back at the George Floyd Revolution," *n+1* (Summer 2021).

Hobbes, Thomas. *Leviathan*. With an introduction by A. D. Lindsay. New York: E. P. Dutton, 1950.〔水田洋訳『リヴァイアサン』、岩波文庫、一九六四年〕

Howe, Irving. *A Margin of Hope: An Intellectual Autobiography*. New York: Harcourt Brace Jovanovich, 1982.

Howe, Irving. *Selected Writings, 1950–1990*. New York: Harcourt Brace Jovanovich, 1990.

Kirsch, Adam. *Why Trilling Matters*. New Haven: Yale University Press, 2011.

Kundera, Milan. *The Unbearable Lightness of Being*. Translated by Michael Henry Heim. New York: Harper Colophon Books, 1984.〔千野栄一訳『存在の耐えられない軽さ』、集英社文庫、一九九八年〕

Levine, Philip. *7 Years from Somewhere*. New York: Atheneum, 1979.

Makiya, Kanan. *The Rope: A Novel*. New York: Pantheon, 2016.

Mantel, Hilary. *The Mirror and the Light*. New York: Henry Holt, 2020.〔宇佐川晶子訳『鏡と光』上・下、早川書房、二〇二一年〕

Mantena, Karuna. "Another Realism: The Politics of Gandhian Nonviolence," *The American Political Science Review* 106, no. 2 (May 2012).

Marshall, T. H. *Class, Citizenship, and Social Development: Essays*. With an introduction by S. M. Lipset. New York: Praeger, 1973.

Mazzini, Guiseppe. *A Cosmopolitanism of Nations: Writings on Democracy, Nation-Building, and Internationalism*. Edited by Stefano Recchia and Nadia Urbinati. Translated by Stefano Recchia. Princeton: Princeton University Press, 2009.

Miller, David. *On Nationality*. Oxford: Clarendon Press, 1995.〔富沢克・長谷川一年・施光恒・竹島博之訳『ナショナリティについて』、風行社、二〇〇七年、三三二頁〕

Miłosz, Czeław. *The Captive Mind*. 1953. Translated by Jane Zielonko. New York: Vintage, 1990.〔工藤幸雄

訳『囚われの魂』、共同通信社、一九九六年〕
Nafisi, Azar. *Reading Lolita in Tehran: A Memoir in Books*. New York: Random House, 2003.〔市川恵里訳『テヘランでロリータを読む』、河出文庫、二〇二一年〕
Neale, J. E. *Queen Elizabeth*. New York: Harcourt Brace Jovanovich, 1934.
Nove, Alec. "Feasible Socialism?" *Dissent* (Summer 1985).
Okin, Susan Moller. *Is Multiculturalism Bad for Women?* Edited by Martha Nussbaum. Princeton: Princeton University Press, 1999.
Okin, Susan Moller. *Justice, Gender, and the Family*. New York: Basic Books, 1989.〔山根純佳・内藤準・久保田裕之訳『正義・ジェンダー・家族』、岩波書店、二〇一三年〕
Okin, Susan Moller. *Women in Western Political Thought*. Princeton: Princeton University Press, 1979.〔田林葉・重盛臣広訳『政治思想のなかの女　その西洋的伝統』、晃洋書房、二〇一〇年〕
Orwell, George. *The Collected Essays, Journalism, and Letters*. Edited by Sonia Orwell and Ian Angus. 4 volumes. New York: Harcourt Brace World, 1968.
Rosenblum, Nancy. *Good Neighbors: The Democracy of Everyday Life in America*. Princeton: Princeton University Press, 2016.
Rosselli, Carlo. *Liberal Socialism*. Edited and with an introduction by Nadia Urbinati. Translated by William McCuaig. Princeton: Princeton University Press, 1994.
Rousseau, Jean-Jacques. *The Government of Poland*. Translated by Willmore Kendall. New York: Bobbs-Merrill, 1972.〔永見文雄訳「ポーランド統治論」、『ルソー全集』第五巻、白水社、一九七九年〕
Rousseau, Jean-Jacques. *The Social Contract*. Translated by G. D. H. Cole. New York: E. P. Dutton, 1950.〔桑

原武夫・前川貞次郎訳『社会契約論』、岩波文庫、一九五四年〕

Schultz, Philip. *Deep within the Ravine: Poems*. New York: Penguin Books, 1974.

Shklar, Judith. *Ordinary Vices. Cambridge*. MA: Belknap/Harvard University Press, 1984.

Smith, Steven B. *Reclaiming Patriotism in an Age of Extremes*. New Haven: Yale University Press, 2021.

Stolzenberg, Nomi M., and David N. Myers. *American Shtetl: The Making of Kiryas Joel, a Hasidic Village in Upstate New York*. Princeton: Princeton University Press, 2022.

Szymborska, Wisława. *Sounds, Feelings, Thoughts: Seventy Poems*. Translated and introduced by Magnus I. Krynski and Robert A. Maguire. Princeton: Princeton University Press, 1981.

Tamir, Yael. *Liberal Nationalism*. Princeton: Princeton University Press, 1995.〔押村高・高橋愛子・森分大輔・森達也訳『リベラルなナショナリズムとは』、夏目書房、二〇〇六年〕

Tawney, R. H. *RHT's Commonplace Book*. Edited by J. M. Winter and D. M. Joslin. Cambridge: Cambridge University Press, 1972.

Walzer, Michael, Menachem Lorberbaum, and Noam J. Zohar, eds. *The Jewish Political Tradition: Volume I, Authority; Volume II, Membership; Volume III, Community; Volume IV, Politics in History*. New Haven: Yale University Press, 2000–.

Walzer, Michael, and Nicolaus Mills. *Getting Out: Historical Perspectives on Leaving Iraq*. Philadelphia: University of Pennsylvania Press, 2006.

Whitman, Walt. *Leaves of Grass*. New York: Harper and Brothers, 1950.〔飯野友幸訳『おれにはアメリカの歌声が聴こえる——草の葉（抄）』、光文社古典新訳文庫、二〇〇七年〕

Williams, C. K. *Repair: Poems*. New York: Farrar, Straus, and Giroux, 1999.

訳者あとがき

本書は Michael Walzer, *The Struggle for a Decent Politics. On "Liberal" as an Adjective.* Yale University Press, New Haven and London, 2023 の全訳である。

私にとって、本書はウォルツァーの著作を日本語で紹介する六冊目の訳書となるのだが、その作業は、ふたつの意味で従来のものとは決定的に異なるものであった。

まず、本書はウォルツァー自身がそう断っているように、厳密には学術書とは言えない。コロナ禍での執筆ということもあって、出典を明示する原注すら、ただのひとつも付されていないからである。巻末に参考文献のリストが挙げられてはいるものの、これも十分と言うには程遠い。その辺の事情は状況が状況だけに、やむを得ぬものとして理解はできるが、その不備を読者に押し付けるのはいささか筋違いとも思える。そこで邦訳が存在している文献に関しては調べうる限り、巻末文献リストに挙げつつ、リストアップされていない引用についても本文中に訳注という形で出典ページを含めて記載するという訳書独自の補充を行った。もっとも訳語は本書中では適宜変更している。また、当初は訳注もつけないつもりで作業を開始したのだが、マルクスやアリストテレス、ホッブズなど、改めて紹介するまでもない著名思想家はまだしも、本書では日本の読者に馴染みのないウォルツァーの友人・知人、あるいはあまり知られていない思想家からの引用も多いので、最小限の説明は本文中に訳注括弧で、また人物紹介など、少し長くなるものはページの左に書き出す形で訳注をつけることにした。読者諸氏にとって本書の内容を理解する一助になることができれば幸いである。

また本書は私の単独訳によるものである。これまで私が訳出してきたウォルツァーの著作はすべて私の「監訳」という形式をとっていた。私の研究室周辺にいる若手研究者や大学院生に、彼らなりの経験を積んでもらいつつ、同時に新進研究者としての「業績」作りをしてもらうという意図がそこにあったのである。具体的には下訳作業を一部、分担してもらい、全員でその訳文を修正し、訳語の統一を図るなどの議論を繰り返しながらチームで作業を行うというのがそのやり方だった。しかし、私自身が昨年度末に定年を迎え、教職を離れることになったのでもはやそのような態勢をとることもできなくなってしまった。チームで翻訳作業を行なうということには大きなメリットがある。複数の目が入ることによって、その目の質に大きな個人差があったとしても、誤訳の可能性をかなり排除することができるのである。時には単語を誤読し、あるいは、妙な思い込みによって文意を曲げてしまうなどということも減る。私自身、この意味で、学問とはひとりの業績に帰せしめられるべきものではなく、社会的な協働作業であることの方が望ましいと常に信じてきた者である。しかしチーム作業としての翻訳にもデメリットはある。毎週、時間を決めて作業にあたらなければならないが、複数の人間の都合をつけるとなるとその調整にかなり多くの時間をとられることになる。今回は単独訳なので、完全に自分のペースでの作業となり、そうしたデメリットもなく原著の刊行に大きく遅れることなく翻訳書を作成することができたのは幸いだった。もっともその分、誤訳の可能性が高まるので、それに関してはいつも以上に気を配ったつもりである。

本書の最大の特色は、ウォルツァーがこれまで、様々な著作のなかで展開してきた彼自身のアイデンティティ・ポリテックスになぜ自分が寄り添うことになったのかを、自身の政治生活を振り返りつつ、具体的な自己の経験に即して語っている点であろう。その意味で本書は確かに「政治理論の作品ではない」(本書九頁)。むしろウォルツァー自身が実践してきた政治活動を振り返る思想的自叙伝である。理論と実践の関係はウォルツァーにとって同じコインの裏表に他ならない。カントの有名な言葉をもじって言えばウォルツァーにとって実践なき理論は空虚であり、理論なき実践は盲目なのである。

そうしたウォルツァー自身の政治的立場が実体験に即して語られているのが本書である。章ごとに、自分がどうしてそういう理論的立場をとるにいたったかが具体的に説明されている。彼は社会主義者を自認する。ここでウォルツァーが語る社会主義とは、通常想定されているような平等至上主義でも、中央集権化経済でもなく、貧者や虐げられし者の大義に対する愛着によって定義される立場である（第三章）。彼はまた民主主義者であり（第二章）、国際協調主義を重視しつつも、政治的単位としてはネーションを重視するナショナリストであり（第四章）、アメリカを代表するコミュニタリアンである（第五章）。またウォルツアーは自らの〈世俗的〉ユダヤ人性にこだわりを持ち続ける（第八章）知識人である（第七章）。もっともこの「知識人」であるというアイデンティティのあり方についてはウォルツァーという思想家をよりよく理解しておくためには少し説明しておいた方がよいかもしれない。というのも、ウォルツァーは自らを哲学者とは規定していないからである。むしろ彼は普遍的真理を探求しようとする哲学と政治理論のあいだに一線を画そうとする。あるインタビューでウォルツァーはこう語っていた。「政治は面倒でしかも結論の出ないものです。政治とは本当に際限のない紛争であり、哲学者が模索しているような理性的な合意はもたらしません。……私は政治の場での哲学の居座りを望みません」（藤田潤一郎・大川正彦訳）「政治の場での哲学の居座りを望まない」（上）『みすず』四一九号、一九九九年九月、五頁）。

ウォルツァーにとって政治とは、たいてい相容れない、世界内でのさまざまな相互行為規範の調整に関わるものであって、その政治という場で諸々の普遍的な真理へのとり組みを行う哲学が居座ってはならないのである。その意味でウォルツァーは自分自身のことを哲学者でも政治学者でもなく、人々の意見を変えることを目的としている「知識人」であると自己規定しているのだ。

そうしたなかで唯一、これまでのウォルツァーの著作のなかであまり多く語られてこなかったのがフェミニストであるという自己規定の部分だろう。キャロライン・バイナムやスーザン・オーキンとの思想的交流から語り起こされる第六章は、従来の彼の思想からすれば確かに意外性があるわけではないが、これまであまり語られてこなかったウォルツァーの知られざる一面を垣間見せてくれる、興味深い叙述となっている。

しかし、これだけでは、ウォルツァーという思想家が政治思想地図のどこにマッピングされるのかを示したに過ぎない。より重要なのは、その各々の「主義」について冠せられている「リベラルな」という形容詞の方である。彼自身が語っているように「この形容詞抜きでは、民主主義者も社会主義者も、ナショナリストもそしてそれ以外のすべてのものも、一元論的で、独断論的で、不寛容で抑圧的なものになってしまいうる」(本書二三頁)のである。「リベラルな」という形容詞が冠せられることによって、右のものであれ左のものであれ、あらゆる政治権力には抑制が必要であることが力説される。それはまた個人の権利を擁護し、社会や国家の多元性と開放性を尊重する姿勢となる。多元的であるとは、一切の権威に盲従したり多数派に同調したりせず、それに懐疑的であり続けるべく議論を積み重ね、そこで明らかとなった差異を寛大な互譲の精神で調整していこうとする姿勢となって表れる。懐疑的精神はしかしながら、他者に対してのみならず自分自身に対しても向けられるものでなければならない。自分の信じる道徳規範を他者にむやみに押し付けてはならないのである。ウォルツァーが「アイロニー」と呼ぶのはこのような独善を排した自己省察的な姿勢のことであろう。

次に本書で用いた訳語について少し述べておきたい。

まずデモクラシー democracy である。この語はそれをどう理解するかで異なった意味を持つ。というのも、デモクラシーは、制度であると同時に思想、理念でもあるからである。そこで前者を意味する場合には民主政という訳語を、後者を意味する場合には民主主義という訳語を用い、その両者を同時に意味すると思われる場合にはデモクラシーという訳語を使い分けた。またデモクラット democrat も文脈に応じて、民主主義者と訳した場合もあれば、民主党員と訳した場合もある。

また本書では「リベラルな」という形容詞がその後にくる名詞に対して、それを限定する特別な意味を与えるという点が強調されているので、その趣旨をより鮮明に出すため、たとえば「リベラル・デモクラシー」という語に対しては、そう訳されるのが通例である「自由民主主義」などと訳さずに「リベラルな民主政」あるいは「リベラルな民主主義」と訳したし、illiberal という形容詞は非リベラルとはせずに、一貫して「リベラルにあらざる」と訳しておいた。

nation や nationalism という概念は日本語に訳すと、それぞれ、民族、国家、国民あるいは民族主義、国家主義と様々な異なるニュアンスの違いを感じさせる言葉になってしまうので、本書ではできる限りネーションやナショナリズムというカタカナ表記を用いた。またネーションとステートの関係についてであるが、デイヴィッド・ミラーが説明しているように、「ネーション」とは政治的な自己決定を行いたいと強く願う人たちの共同体という意味であり、「ステート」とは、そうした人々がみずからのために保持することを強く望む一連の政治的諸制度という意味である。(富沢克・長谷川一年・施光恒・竹島博之訳『ナショナリティについて』、風行社、二三五頁)ネーションステートはこのふたつが、意図的にせよ、偶然にせよ、一致している稀有な例に他ならない。現代世界には、ステートのなかに複数のネーションを持つ例(アメリカや中国)や、その逆にひとつのネーションが二つのステートに分裂させられているような例(かつての東西ドイツ、北朝鮮と韓国)もあるし、単一のナショナリティを持つ人々が複数のステートに分散している例(クルド人やパレスチナ人)もあるのである。いずれにせよ、ネーションとステートは決して混同されてはならない。

シティズンシップ citizenship という語は、狭く訳せば「国籍」であり、本書でもそのように訳した方が日本語らしい箇所もあるが、広くは「国籍」を保有することによる権利や、義務、さらには同胞市民に対する連帯感情も含む意味を持つ概念である。ちなみにこの概念を有名にしたトマス・マーシャルの古典的論文「シティズンシップと社会階級」(1950)のなかではシティズンシップは次のように定義されている。「ある共同体の完全な成員である人々に与えられた地位身分である。この地位身分を持っているすべての人々は、その地位身分に付与された権利と義務において平等である」(岩崎信彦・中村健吾訳『シティズンシップと社会的階級』法律文化社、一九九三年、三七頁)。そこで本書では一貫して「シティズンシップ」と訳することにした。

最後になったが、本書の翻訳は風行社の犬塚満氏のお勧めによるものである。犬塚氏からは校正段階で、様々なアドバイスやご意見をいただき、その多くは本文の修正に取り込ませていただいた。ある意味で共訳者といっても過言ではないほどである。記して謝意を表しておきたい。

萩原能久

二〇二三年二月二二日

事項索引

＊索引は原則として原著に従ったが、訳書独自に補充した部分も多い。

【カ】

【サ】

【タ】

【ナ】

【ハ】

【マ】

【ヤ】

【ラ】

人名索引

＊索引は原則として原著に従ったが、明らかな誤りは断りなく修正し、漏れは補充した。またこの索引には原著にはない訳注の見出し語も含まれている。

【サ】

【タ】

【ナ】

【ハ】

【マ】

【ラ】

［訳者紹介］

萩原能久（はぎわら・よしひさ）

1956年生まれ。慶應義塾大学名誉教授
専門分野：政治哲学・現代政治理論
主要業績：『アーレントと二〇世紀の経験』（共編著、慶應義塾大学出版会、2017年）、M. ウォルツァー『正しい戦争と不正な戦争』（監訳、風行社、2008年）、M. ウォルツァー『聖徒の革命』（監訳、風行社、2022年）

まっとうな政治を求めて——「リベラルな」という形容詞

2023年4月15日 初版第1刷発行

著　者	マイケル・ウォルツァー
訳　者	萩原能久
発行者	犬塚　満
発行所	株式会社風行社 〒101-0064 東京都千代田区神田猿楽町1-3-2 Tel. & Fax. 03-6672-4001　振替 00190-1-537252
印刷・製本	中央精版印刷株式会社
装幀	大森裕二

 ISBN978-4-86258-146-4